돌멩이랑
주먹도끼랑
어떻게
다를까?

박물관에 숨어 있는 우리 역사 이야기
## 돌멩이랑 주먹도끼랑 어떻게 다를까?

초판 제1쇄 발행일 2011년 9월 30일
초판 제3쇄 발행일 2013년 10월 25일
기획 빗살무늬 글 김경선 그림 이다 감수 김길식
발행인 전재국 발행처 (주)시공사
주소 137-879 서울시 서초구 서초동 1628-1
전화 영업 2046-2800 편집 2046-2821~9
인터넷 홈페이지 www.sigongjunior.com

ⓒ 빗살무늬, 2011

이 책의 출판권은 (주)시공사에 있습니다.
저작권법에 의해 한국 내에서 보호받는 저작물이므로, 무단 전재와 무단 복제를 금합니다.

ISBN 978-89-527-6294-8  73900
ISBN 978-89-527-5583-4  (세트)

시공주니어 홈페이지 회원으로 가입하시면 다양한 혜택이 주어집니다.
잘못 만들어진 책은 구입하신 서점에서 바꾸어 드립니다.

# 돌멩이랑 주먹도끼랑 어떻게 다를까?

기획 · 빗살무늬
글 · 김경선
그림 · 이다
감수 · 김길식

시공주니어

**작가의 말**

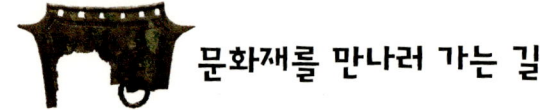

## 문화재를 만나러 가는 길

이 책을 쓰려고 마음먹은 것은 꽤 오래전의 일입니다. 저는 용산 국립중앙박물관 개관 작업이 한창일 때 음성 안내 서비스 작가 일을 했습니다. 아시아 최고 규모의 박물관을 만드는 데 참여할 수 있는 것은 영광이었습니다. 더구나 관람객에게 쉽고 재미있는 안내 서비스를 하기 위해 학예사와 작가가 함께 노력한 일이었기에 더 의미가 있었지요.

경복궁에 있던 국립중앙박물관의 문을 닫기 며칠 전, 음성 안내 글 작업을 위해 여러 학예사 선생님을 만나 마지막으로 유물에 대한 이야기를 들었습니다. 당시 고고관 학예사 선생님은 토기가 전시된 곳을 바라보며 뭔가 이상한 게 없느냐고 물었습니다. 전문가의 질문을 받으니 긴장이 되었지요.

"빗살무늬 토기보다 민무늬 토기가 나중에 만들어졌어요. 그런데 민무늬 토기의 모양이 더 삐뚤삐뚤하고 완성도가 떨어지는 것이 있어요."

선생님의 말을 듣고 보니 정말 그랬습니다. 시간이 지나면서 점점 기술이 발전하게 마련인데 왜 토기 만드는 기술은 그렇지 않았을까? 그 이유가 궁금해졌습니다.

"처음에는 전문가 몇몇이 토기를 만들다가 토기가 더 많이 필요해지니까 많은 사람이 토기 만들기를 시도한 것이지요. 그러면서 마을과 지역마다 다양한 토기가 만들어진 것입니다."

그 짧은 이야기는 제게 문화재를 통해 당시 사람들의 삶을 보게 해 주었습니다. 문화재에는 어느 것이든 당시 사람들의 삶이 담겨 있고, 생각이 담겨 있습니다. 조상들이 문화재를 통해 우리에게 많은 이야기를 남기고 싶어 하기라도 했던 것처럼 말입니다. 저는 문화재 하나하나에 담긴 이야기에 귀 기울이며 일을 했습니다. 그러자 문화재가 그렇게 귀하고 소중할 수가 없었습니다. 문화재를 보는 일이 즐거웠고, 기대가 되었지요. 그래서인지 숭례문이 불타는 사고가 났을 때는 절로 눈물이 났습니다. 우리의 문화재가 얼마나 소중한지 마음으로 느꼈다면 최소한 저런 일은 일어나지 않았을 텐데……. 우리 세대가 저지른 큰 잘못에 발을 동동 구를 듯 가슴 아팠습니다.

우리 친구들은 이 책을 읽으며 문화재의 이야기를 들어 보기 바랍니다. 청동기 시대 팔주령이 왜 반짝이며 소리를 냈는지, 화려한 청자와 소박한 백자가 무엇을 이야기하는지, 철제 문화재가 가야라는 나라를 어떻게 말해 주는지 등을 말입니다.

또 박물관을 단체 관람으로 찾는 것이 아니라 놀러 가는 것처럼 편하고 즐겁게 가서 문화재가 하는 이야기를 듣다 보면 문화재가 더 가깝게 느껴질 것입니다. 이 책이 들려주는 문화재 이야기가 그 발걸음을 즐겁게 만들어 줄 수 있다면 더욱 좋겠습니다.

2011년 9월
김경선

## 차례

작가의 말 • 4
박물관 들어서기 • 8

### 국립중앙박물관 선사·고대관

**주먹도끼** 수많은 돌 중에 어떤 것이 석기 시대 유물일까? • 14
**빗살무늬 토기** 빗살무늬 토기보다 나중에 만들어진 민무늬 토기가 왜 더 미울까? • 22
**팔주령** 청동기 시대에도 아기 딸랑이가 있었을까? • 28
**판갑옷과 투구** 왜 가야 유물은 대부분 철일까? • 34
**말 탄 사람이 그려진 벽화** 천오백 년 전에 그린 그림이 어떻게 지금도 선명할까? • 40
**백제 금동대향로** 어디에 쓰려고 이렇게 화려하고 멋있게 만들었을까? • 48
**금관** 한들한들한 금관, 정말 머리에 썼을까? • 56
**무구정광대다라니경** 왜 경전을 두루마리 휴지처럼 돌돌 말았을까? • 64

**선사·고대관은 어떤 곳?** • 72

### 국립중앙박물관 중·근세관

**혼일강리역대국도지도** 왜 우리나라를 실제보다 크게 그렸을까? • 80
**훈민정음해례본** 훈민정음이 한글하고 너무 달라! • 88

**중·근세관은 어떤 곳?** • 96

### 국립중앙박물관 서화관

**단원풍속화첩** 어! 그림 속에 왼손만 둘인 사람이 있어요! • 100
**채제공 초상** 초상화의 눈이 이상해요. 왜 그렇죠? • 110

**서화관은 어떤 곳?** • 118

### 국립중앙박물관 조각·공예관

**비로자나불** 불상의 손 모양은 왜 다 비슷할까? • 122
**청자 참외 모양 병** 왜 고려는 청자, 조선은 백자가 유명할까? • 128
**경천사 십층 석탑** 경천사 십층 석탑은 왜 하얀색일까? • 138

**조각·공예관은 어떤 곳?** • 144

### 국립중앙박물관 아시아관

**신안 해저 문화재** 신안선에서 발굴된 유물은 왜 온통 청자일까? • 146

**아시아관은 어떤 곳?** • 152

박물관 나가기 • 154
사진 자료 제공 • 156

## 박물관 들어서기

"내일 현장 학습은 박물관으로 갈 거야. 알겠지?"
"에에!"
"우리 문화재를 보는 일이 얼마나 중요한데그래."
 선생님은 살짝 눈을 흘기고는 교실을 나갔어요. 누가 그걸 모르나요. 우리 문화재에 대해 알아야 한다는 거. 하지만 박물관은 너무 따분해요. 유치원 때 가고, 방학 때도 가고, 학원 현장 학습으로 가고. 이번에 가는 게 벌써 네 번째라고요.
 가만히 생각해 보면 박물관은 참 재미있는 곳이에요. 내 생각대로 할 수만 있다면 말이에요.
 박물관에 가면 어떤 전시실은 조금 으스스하다 싶게 어두워요. 관람객이 없는 전시실에 혼자 들어가려면 나도 모르게 오싹함이 느껴질 정도예요. 거기서 귀신 놀이를 하면 얼마나 재미있을까요?
 그뿐인가요? 박물관에는 굵은 기둥도 많고, 커다란 전시물도 많으니까 숨바꼭질을 해도 재미있을 거예요. 텅 빈 전시실에서 큰 소리를 내

면 메아리처럼 목소리가 울리는 것도 재미있고요. 또 신 나게 달리다가 슬라이딩을 해서 서는 거예요. 박물관 바닥은 매끌매끌해서 잘 미끄러지기 때문에 아주 짜릿하지요.

그런데 중요한 건 이런 재미있는 일들 중 어느 것도 박물관에서는 해서는 안 된다는 거예요. 영화를 볼 때 먹는 팝콘도 박물관에서는 들고 다니며 먹을 수가 없어요. 박물관은 우리들이 뭘 좋아하는지 도무지 관심이 없나 봐요. 내일도 지루한 날이 되겠지요?

"애들아, 선사·고대관부터 차례대로 관람하고 12시에 저쪽 휴게실 앞으로 모여."

선생님은 박물관에서 지켜야 할 예절을 학교에서부터 조금 전까지 다섯 번은 넘게 이야기했어요. 하지만 우리 중에는 분명 그 말을 어기는 아이가 있을 거예요.

"얘, 박물관에서 그렇게 뛰어놀면 어떻게 하니?"

으, 드디어 걸렸어요. 바로 내가요.

"이 녀석, 네가 유치원생도 아니고, 그게 뭐 하는 짓이야?"

우리 옆 반, 3반 선생님이 무서운 목소리로 말했어요. 난 아무 말도 못 하고 고개만 숙이고 있었지요. 선생님은 한심하다는 듯이 혀를 차고는 사라졌어요.

아, 나는 유치원 때 박물관에서 뛴 적 없는데. 그때는 그냥 짝꿍 손잡고 선생님 뒤만 따라다니기 바빴는데. 조금 억울하기는 했지만 나도 내가 잘못한 건 알기 때문에 잠시 고개를 숙이고 반성을 했지요.

"녀석, 풀 죽어 있기는."

고개를 들어 보니 인자한 얼굴의 박물관 경비 할아버지가 나를 보고 웃고 있었어요.

"박물관에서 뛰어놀면 재미있지."

난 할아버지가 나를 놀리는 것 같아 기분이 나빴어요.

"박물관처럼 바닥이 미끄러운 곳에서는 달리다가 슬라이딩으로 멈추는 센스쯤은 있어야 해. 관람객이 모두 나가고 나면 나도 미끄러운 바닥에서 슬라이딩을 하곤 하지."

어어, 할아버지가 슬라이딩의 짜릿함을 아시네요.

"박물관에서 할 수 있는 놀이가 어디 슬라이딩뿐이냐? 저쪽으로 가면 큰 불상이 있고, 아주 무섭고 큰 그림도 걸려 있어. 혼자서 전시실로 들어가려면 으스스한 것이 어디서 귀신이 나올 것 같기도 하단다. 거기에서 잠시 내 무서움은 숨겨 두고 구석 자리에 숨는 거야. 숨죽이고 기다리다 보면 동료들이 나타나게 되어 있지. 그때 슬며시 귀신 소리를 내 주는 거야. 이~히히히."

"그러면, 그러면 어떻게 돼요?"

난 할아버지의 귀신 놀이 결과가 궁금했어요.

"열에 아홉은 '어이구머니나!' 하고 소리치며 놀라 자빠진단다. 하하하!"

할아버지 얘기를 듣고 있자니 내가 친구들을 놀려 주기라도 한 것처럼 고소하고 재미있었어요.

"여기에서 숨바꼭질을 하면 또 얼마나 재미있을까?"

할아버지가 전시실을 둘러보며 말했어요.

"할아버지도 그런 생각 해 보셨어요?"

어느새 난 할아버지와 친구처럼 이야기를 나누고 있었어요.

"그거야 누구나 하는 생각 아닐까? 봐라, 박물관 곳곳에 기둥이 있고, 큰 전시물이 버티고 있으니 숨을 곳이 얼마나 많으냐."

할아버지는 벌써 숨을 곳을 여러 곳 생각해 둔 것 같았어요. 나처럼 숨바꼭질을 하지 못하는 것이 아쉬운 모양이에요.

정말 나랑 똑같은 생각을 하는 어른이 있네요. 난 너무 반가워서 할아버지 얼굴을 빤히 쳐다보았어요. 그러자 할아버지는 내 손을 잡고 전시실로 들어갔어요.

"박물관에는 그것 말고도 재미있는 게 또 있단다. 유물들을 자세히 관찰해 보렴. 네가 박물관 유물을 보고 이상한 점이나 신기한 점을 발견하면 아주 재미있는 일이 일어날 거야."

"재미있는 일이라고요? 어떤 거요?"

"그걸 미리 얘기해 주면 재미없잖니. 네가 직접 경험해 봐. 분명히 재미있다고 할 거야."

정말 그런 일이 일어날까요? 믿기 힘든 말이었지만 어쩐지 진짜 같았어요. 나랑 똑같은 생각을 했던 할아버지의 말이니까, 분명 그 말대로 재미있는 일이 일어날 거예요.

# 주먹도끼

**선사 · 고대관**

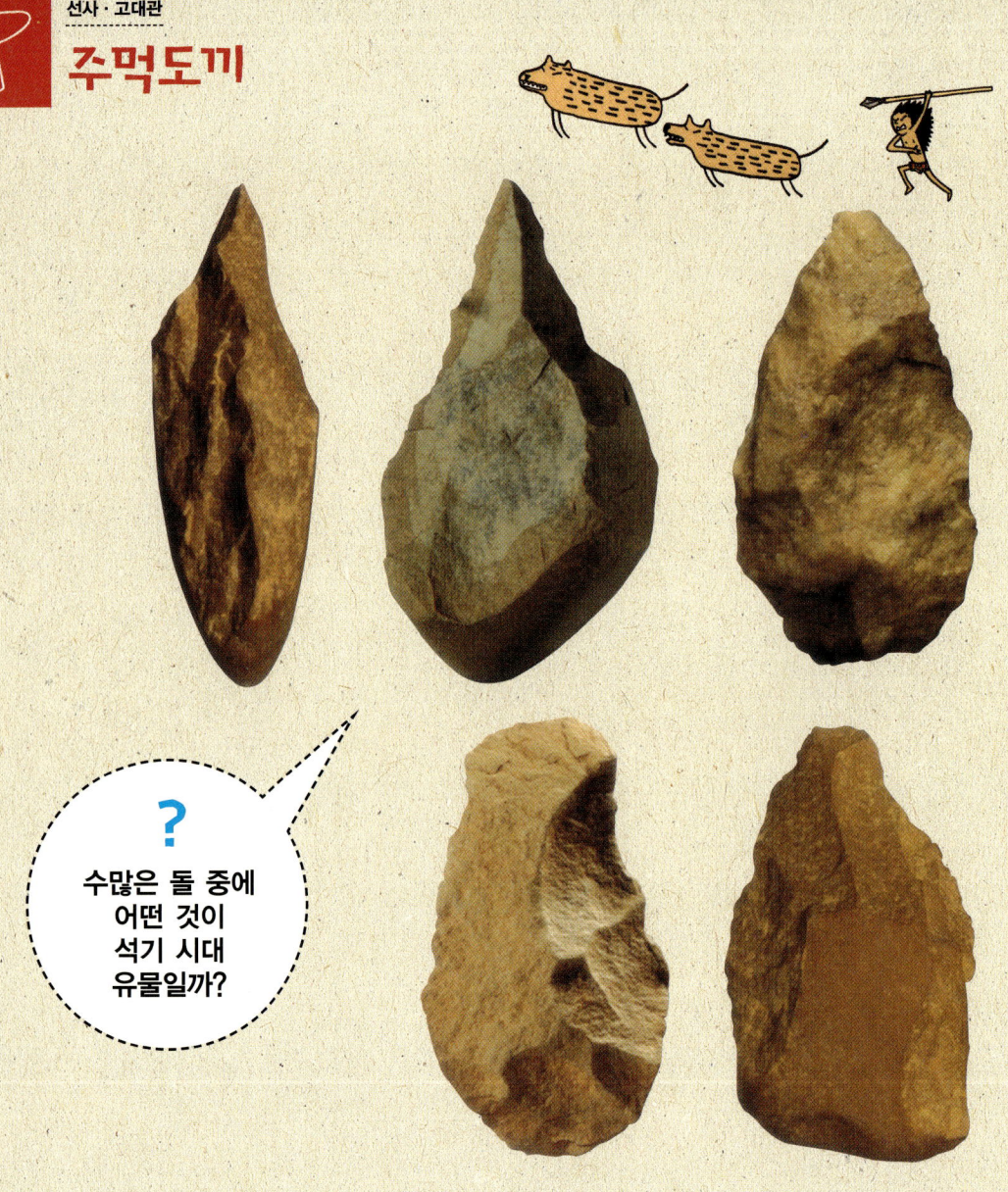

? 수많은 돌 중에 어떤 것이 석기 시대 유물일까?

구석기 시대 전기에 만들어진 석기로, 경기도 연천 전곡리 등 구석기 유적지에서 출토되었다.
돌의 한쪽 면을 떼어 내어 뾰족한 날을 만들었다. 주먹도끼는 여러 용도로 쓰였으며
특히 큰 동물을 잡는 데 알맞은 도구였다.

이게 석기 시대에 쓰던 석기(돌 도구)구나. 옛날 사람들이 이걸로 짐승도 잡고, 일도 했단 말이지? 그런데 이런 돌은 산에 갔을 때 많이 본 거 같은데. 깨지고 뾰족한 돌이야 흔하지 않나? 어떻게 많은 돌 중에 석기와 그냥 돌을 구분할 수 있지?

으흠! 아, 놀라지 마. 난 너의 궁금증을 풀어 주려고 나타난 것뿐이니까. 난 저기 있는 주먹도끼를 만든 사람이란다.
앞에 있는 석기들이 네 눈엔 그냥 흔한 돌처럼 보일 수도 있어. 하지만 우리가 고생하며 만든 석기를 그냥 돌이라고 말해 버리면 곤란하지. 우리가 저걸 만들기까지 얼마나 힘들었는데. 너희는 그냥 편한 대로 우리를 원시인이라고 부르지만 그렇게 불리는 건 조금 억울해. 도구를 만들어 사용하기 시작한 위대한 조상이 바로 우린데 말이야.
인류의 역사는 99.9%가 선사 시대야. 선사 시대는 어떤 도구를 사용했느냐에 따라 구석기, 신석기, 청동기 시대로 나누어져. 구석기 시대는 돌을 떼어 내어 만든 뗀석기를 사용한 시대, 신석기 시대는 돌을 갈아서 도구를 만든 간석기를 사용한 시대, 청동기 시대는 처음으로 금속으로 도구를 만든 시대를 말해. 도구의 사용에 따라 시대를 구분할 정도로 인류가 도구를 사용했다는 건 아주 중요한 일이지. 게다가 내가 살았던 구석기 시대는 가장 길 뿐 아니라, 도구의 시대를 처음으로 연 아주 중요한 시기야. 그러니 그저 멍청한 원시인들이 살았던 때라고 여기지는 말아 줘.

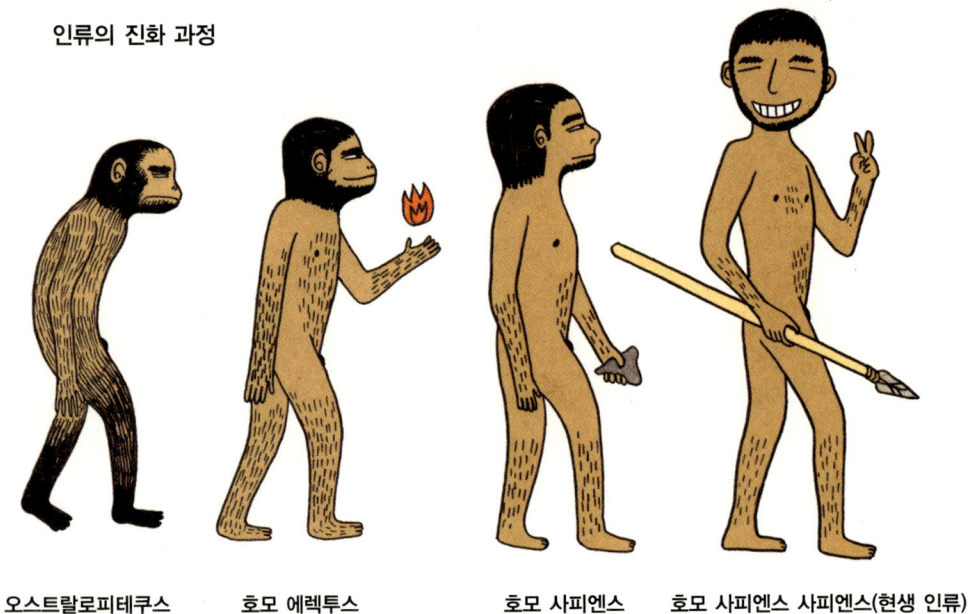

**인류의 진화 과정**

오스트랄로피테쿠스　　호모 에렉투스　　호모 사피엔스　　호모 사피엔스 사피엔스(현생 인류)

　우리가 멍청하지 않았다는 건 석기를 봐도 잘 알 수가 있어. 저런 석기를 만들기 위해서는 어떤 돌로 석기를 만들지부터 고민을 해야 해. 돌마다 단단한 정도가 다르고, 깨지는 결도 달라서 도구의 쓰임에 따라 사용하는 돌이 다르거든. 내가 살던 곳에서는 주로 자갈돌과 석영으로 석기를 만들었지.

　돌을 고르고 나면 이제 어디를 어떻게 떼어 내야 할지 계획을 세워야 해. 석기는 그냥 두드리고 던져서 깨지는 대로 만드는 게 아니야. 물론 처음에 석기를 만들 때는 그런 방법을 쓰기도 했지. 하지만 시간이 지날수록 석기를 만드는 기술은 점점 발달했어.

구석기 시대 석기를 뗀석기라고 부른다고 했지? 돌의 일부분을 떼어 내어 도구를 만들었기 때문인데, 돌을 떼어 내는 방법에는 여러 가지가 있단다. 2개의 돌을 직접 두드려 떼는 직접떼기가 있고, 단단한 뿔이나 뼈를 떼어 내려는 돌에 대고 두드려서 떼는 간접떼기가 있어. 또 돌을 모룻돌(큰 돌)에 부딪쳐서 떼어 내는 모루떼기와 뾰족한 도구로 돌을 정교하게 다듬는 눌러떼기도 있지. 처음에는 하나의 석기를 만들기 위해 떼어 내는 데에만 집중했는데 나중에는 떨어져 나간 돌도 작고 날카로워서 쓰임이 있더군. 그래서 떼어 내기를 하면서 크고 작은 여러 종류의 석기를 만들게 되었지.

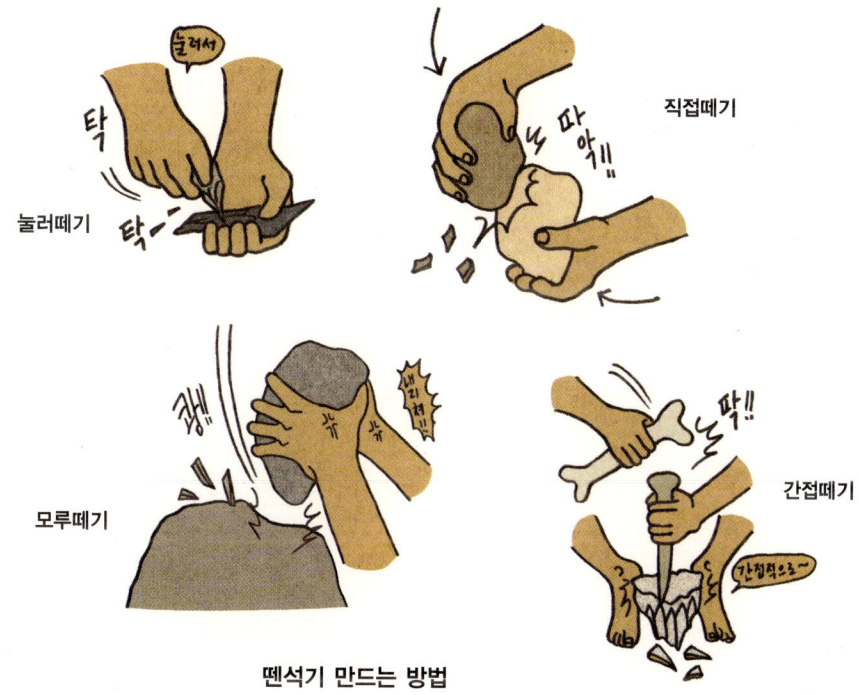

뗀석기 만드는 방법

구석기 시대의 다음 시대인 신석기 시대는 단순하게 돌을 떼어 내는 데서 더 발전을 하여 돌을 갈아서 정교한 석기를 만들었어. 더 날카로운 날을 만들고, 표면도 매끄럽게 만들었지.

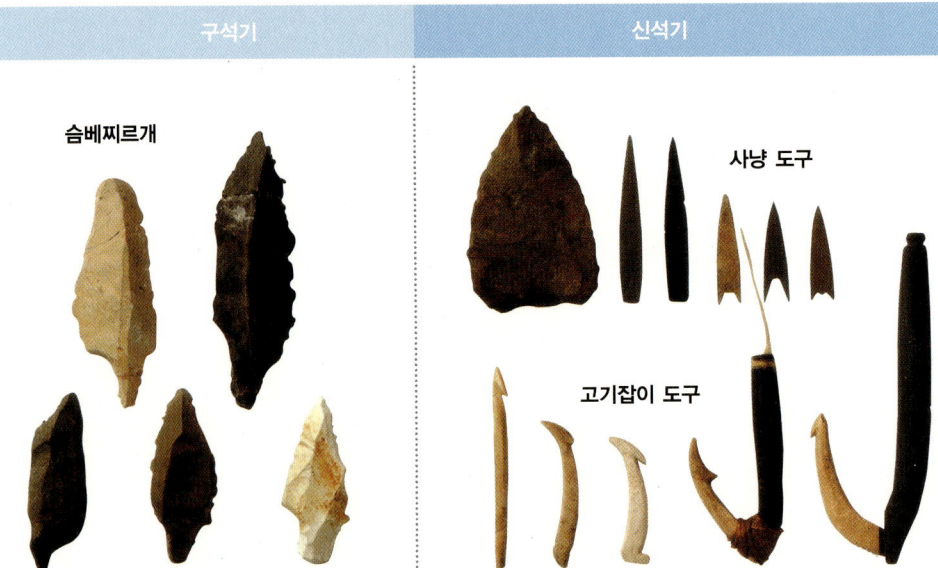

모양이 정교해지다 보니 쓰임에 따라 다양한 석기가 만들어졌어. 처음에는 하나의 석기로 찌르고, 자르고, 문지르는 등 여러 가지 일을 했지만 점차 쓰임에 알맞은 석기를 따로 만든 거야. 모양만 봐도 어디에 쓰면 편리하겠구나 하고 알 수 있을 정도지. 끝이 날카롭게 갈린 돌칼은 어디에 쓰면 좋겠니? 손에 잡고 무언가를 자를 때 사용하면 좋을 거야. 넓적한 갈판과 기다란 갈돌은 어때? 나무 열매나 곡물을 가루로 만들 때 쓰면 좋겠지? 날카로운 세모 모양 도구는 화살촉이야. 간석기를

만들면서 사람들은 날카로운 화살촉을 만들어 사냥을 하고, 돌과 동물 뼈를 갈아서 낚싯바늘을 만들었어. 이렇게 석기는 힘이 약한 인간이 동물들과 맞설 수 있는 무기이자, 생활에 꼭 필요한 도구였지.

## 청동기

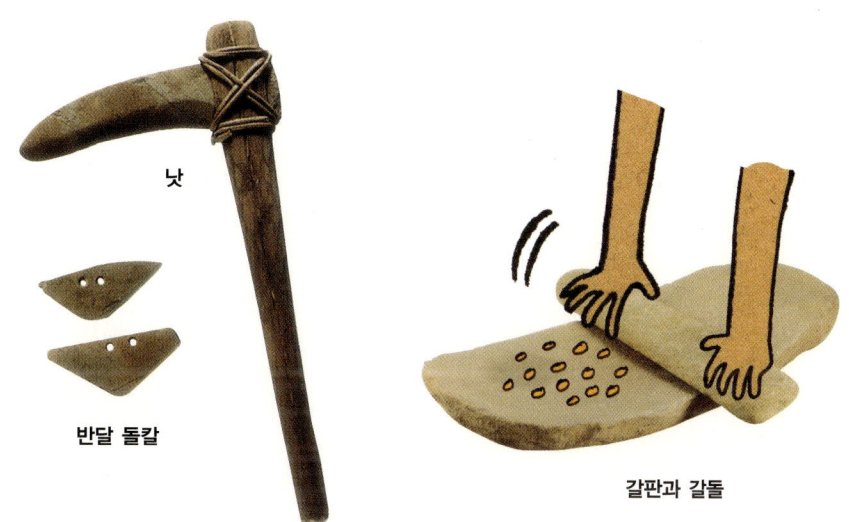

낫

반달 돌칼

갈판과 갈돌

우리가 만든 석기에 참 많은 이야기가 담겨 있지? 참, 그러고 보니 궁금증 풀어 주겠다고 하고는 다른 이야기만 했네. 이제부터 정말 그 얘기를 하자.

한반도에는 잘 알려진 구석기 유적지가 많이 있어. 특히 공주 석장리와 연천 전곡리는 세계적으로 알아주는 구석기 유적지야. 이 두 곳은 구석기 시대 지질 환경을 가지고 있을 뿐만 아니라 보통의 돌과는 다른 일정한 형태를 가진 돌들이 발견된 곳이야. 그 돌들이 바로 구석기 시대 석기인 거야. 학자들은 "일정한 형태의 돌들이 널려 있는 걸 보면 평범한 돌이 아닌 석기란 걸 금방 알 수 있다."라고 해. 일반 사람들의 눈에는 다 같은 돌멩이로 보일지도 몰라. 하지만 관심을 가지고 보면 그냥 돌과는 쉽게 구분이 된단다. 일정한 모양을 하고 있는 데다 어떤 목적을 가지고 돌을 떼어 냈다는 걸 알 수 있지. 예를 들어 주먹도끼는 아마 쉽게 눈에 띌 거야. 한쪽은 뾰족한데 다른 쪽은 손에 쥐기 좋게 반질반질하잖아. 이건 사람이 일부러 그렇게 만들었기 때문이지.

그리고 주먹도끼처럼 일정한 모양의 석기가 한데 모여 있다는 건 우연이라기보다는 어떤 이유가 있다는 걸 짐작할 수 있어. 바로 사람의 흔적이지. 하지만 여기서 중요한 것은 그 돌이 발견된 곳의 환경이야. 주위가 구석기 시대 지질 환경일 때 구석기 시대 석기로 인정할 수 있거든.

구석기 시대 지질 환경이 어떤 거냐고? 땅은 늘 같은 모습일 것 같지만 시간의 흐름에 따라 조금씩 달라져. 땅의 성격이 구석기 지질에 해당하면 구석기 시대 환경이었다는 걸 알 수 있지. 또 주변 동굴에 구석기 시대에 살았던 동물 뼈가 남아 있거나, 구석기 시대 식물의 흔적이 남아 있는 것을 통해서도 구석기 시대 환경이라는 걸 짐작할 수 있어. 어때, 이제 궁금증이 풀렸니?

유적지에 대한 이야기가 나왔으니 그와 관련한 조금 우스운 이야기를 하나 해 줄게. 한동안 주먹도끼 같은 비교적 정교한 석기는 동아시아에서는 발견되지 않았어. 그냥 간단하게 만들 수 있는 찍개 정도가 발견되었지. 서양에서는 이것이 동서양에 살았던 사람들의 문화적 차이가 아니겠느냐고 말했단다. 그런데 1970년대에 한반도의 연천 전곡리에서 주먹도끼는 물론 가로날도끼, 찍개 등이 발견되었어. 이 발견은 한반도의 구석기 문화를 보여 주었을 뿐만 아니라 일부 학자들이 주장했던 동서양 구석기 문화의 차이에 대한 주장까지 뒤엎었단다.

선사 · 고대관
# 빗살무늬 토기

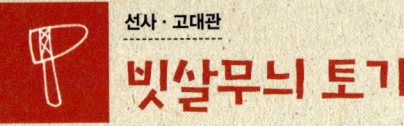

?
빗살무늬 토기보다 나중에 만들어진 민무늬 토기가 왜 더 미울까?

기원전 5000년경 한반도 중서부 지방을 중심으로 나타났다. 대체로 바닥이 뾰족하고, 겉면을 점과 선 등의 무늬로 꾸몄다. 이전에 나타난 덧무늬 토기와 달리 한반도 전 지역에서 출토되어 우리나라 신석기 문화를 대표한다.

토기를 가까이에서도 보고, 멀리에서도 보니 참 이상한 게 있네. 유물 설명을 보면 빗살무늬 토기가 민무늬 토기보다 먼저 만들어졌다는데 왜 민무늬 토기가 더 삐뚤빼뚤하고 못생겼지? 토기 만드는 기술이 점점 나빠진 걸까?

호호, 토기를 유심히도 보았구나. 우선 별로 예쁘지도 않은 우리에게 관심을 가져 줘서 고마워. 다들 번쩍이는 금이나 세련된 도자기에 관심이 많던데, 넌 조상의 유물을 살피는 기본이 되어 있구나. 우리야말로 문명과 문화의 시작이니 말이야.

자, 그럼 본격적으로 너의 궁금증을 해결해 줄게. 토기가 만들어진 것은 아주 오랜 옛날이었어. 조선 시대, 고려 시대, 삼국 시대보다 훨씬 이전인 신석기 시대란다.

신석기 시대는 농사가 막 시작된 때야. 주로 사냥과 채집을 해서 먹고 살던 사람들이 곡식을 기르기 시작한 것이지. 사람들은 농사를 짓기 시작하면서 그릇이 필요해졌어. 수확한 농작물을 담아 두어야 했거든. 또 음식을 만들 때에도 그릇이 필요했어. 그래서 흙을 빚어 토기를 만들었지. 우선은 마을에서 솜씨 좋은 사람들이 토기를 만들었어. 그런데 농사를 지어 먹을 것을 얻게 되면서 사람들은 더 열심히, 많이 농사를 짓기 시작했어. 당연히 모아 둘 곡식도 늘어났지. 그러다 보니 토기도 점점 더 많이 필요하게 되었어.

이제 사람들은 마을 공동체 단위로 토기를 더 많이 만들게 되었어. 마을과 지역마다 점점 독특한 형태의 토기를 만들게 되었지.

그래서 시간이 지날수록 예쁘기도 하고 못생기기도 한 많은 토기가 만들어진 거야. 왜 토기의 모양이 미워졌는지 이해가 되지?

민무늬 토기가 빗살무늬 토기보다 예쁘지 않아 보이는 것은 사람들의 생활 환경과도 관계가 있어. 신석기 시대 사람들은 주로 강가나 해안가에서 살았고, 청동기 시대 사람들은 주로 야트막한 구릉 지대에 살았어. 그래서 빗살무늬 토기를 만든 신석기 시대 사람들은 강가나 해안가에서 구할 수 있는 모래가 많은 흙으로 토기를 만들었고, 민무늬 토기를 만든 청동기 시대 사람들은 점토질 흙으로 토기를 만들었지. 당시에는 물레가 없어서 손으로 빚어서 토기를 만들었는데, 점토질 흙으로는 손으로 빚어서 그릇을 만들기가 쉽지 않았어. 그래서 민무늬 토기는 못생겨 보이는 것도 만들어졌던 거야.

민무늬 토기인 붉은 간토기

중·서부 지역 빗살무늬 토기

가끔 어떤 아이는 내 아래쪽이 뾰족한 게 이상하다고 말하기도 해. 아래쪽이 평평해야 그릇을 놓기 쉬울 텐데 뾰족하니 이상하게 보일 수도 있지. 하지만 옛날의 환경을 생각해 봐. 옛날에는 요즘처럼 딱딱한 콘크리트 바닥이 없었어. 흙바닥에 놓기에는 뾰족한 모습도 별로 문제 될 게 없었지. 흙에 파묻으면 어떤 그릇보다 안전하게 서 있으니까. 나에게 수확한 곡식을 담는다고 생각해 봐. 날렵하고 뾰족한 바닥을 밭에 박아 두고 농작물을 수확하여 담으면 얼마나 편리하겠어? 옛날에는 뾰족한 바닥이 이렇게 편리했어.

조금 전에 우리 토기가 문명과 문화의 시작이라고 말했잖아? 말이 나온 김에 내 자랑도 조금 할게.

짐승을 사냥하고, 물고기를 잡고, 자연에서 나는 열매를 따며 살던 사람들이 농사를 짓기 시작한 것을 요즘 사람들은 '농업 혁명(신석기 혁명)'이라고 해. 혁명이란 이전의 관습이나 제도를 깨뜨리고 새로운 세상을 만드는 일을 말하지.

농사를 짓기 시작한 것이 그 정도로 세상에 큰 영향을 미치고, 세상을 빠르게 변화시켰다는 뜻이야. 농사를 짓게 되면서 사람들의 생활이 정말 많이 변했거든. 먹을 것을 찾아 이리저리 이동하며 살던 생활을 접

고 한곳에 머물러 살기 시작했고, 농사를 짓기 위해 여러 사람이 모여 살다 보니 마을을 이루게 되었어. 또 농사짓는 데 필요한 물길을 뚫거나 고인돌 같은 큰 무덤을 만드는 일은 여러 사람이 힘을 모아야 가능했거든. 그러면서 강력한 지배자가 나타나 많은 사람을 다스리기 시작했어. 부족 국가가 만들어지게 된 거야. 물론 이건 아주 오랜 시간에 걸쳐 일어난 일이야. 부족 국가가 만들어지게 된 것은 청동기 시대부터라고 할 수 있지.

농사를 지어 수확을 하니 사람들은 점점 먹고살 걱정을 덜게 되었어. 그러면서 좀 더 편리한 생활을 꿈꾸었지. 편리한 생활에 필요한 물건과 제도 등이 차츰 만들어졌어. 인류에게 문명이 싹트기 시작한 거야. 이런 일들이 모두 농사를 통해 이루어졌단다.

가장 중요한 건 그 시작에 내가 있었다는 거야. 아까도 말했지만 농사를 통해 사람들은 나의 필요성을 더욱 절실히 느끼고 나를 만들기 시작했어. 토기에 곡물을 담아 음식을 만들어 먹은 것은 물론이고, 토기를 통해 아름다움을 표현하고자 했지.

나한테는 온몸에 빗살무늬가 새겨져 있어. 사람들은 나를 통해 아름다운 것, 멋있는 것을 표현하고 싶었던 거야. 그래서 주위에서 흔히 볼 수 있는 풀줄기나 동물의 뼈, 조개껍데기를 이용해서 토기에 무늬를 그려 넣었지. 사람마다 보는 눈이 다르겠지만 솔직히 무늬가 없는 토기보다 내가 더 예쁘지 않니?

### 선사·고대관
# 팔주령

청동기 시대에도 아기 딸랑이가 있었을까?

가운데 햇빛 무늬가 있고 8개의 방울이 달려 있다. 방울 속에는 구슬이 들어 있어, 흔들면 소리가 난다.
국보 제143호로 전라남도 화순 대곡리의 청동기 시대 무덤에서 출토되었다.

어, 이건 꽤 재미있게 생겼는걸. 팔주령? 어디에 쓰던 물건이지? 꼭 아기 딸랑이처럼 생겼네. 청동기 시대에도 요즘처럼 아기 딸랑이가 있었나?

딸랑딸랑! 내 소리가 들리니? 너 때문에 정말 오랜만에 내 몸을 흔들어 보는구나. 나를 아기 딸랑이로 귀엽게 봐 줘서 고마워. 사실 이곳에서 나처럼 귀여운 유물을 찾기란 쉽지 않지. 온통 푸르스름한 검들이 늘어서 있으니 말이야.

그런데 사실 난 아기 딸랑이는 아니야. 다시 한 번 내 소리를 잘 들어 봐. 아기 딸랑이라고 하기엔 좀 소란스럽잖아. 이런 소리는 또 어디서 들을 수 있을까? 굿하는 걸 본 적이 있다면 무당이 몸에 많은 방울을 매달고 손에도 방울을 들고 흔드는 걸 보았을 거야. 무당들은 굿을 할 때 방울이나 칼 등을 몸에 매

청동기 시대
제사장

29

달거나 손에 들고 흔들거든. 굿은 청동기 시대 문화하고 비슷한 면이 있단다. 꼭 그렇다고 단정 지을 수는 없지만 청동기 시대 제사장이 나를 사용하는 거나 무당이 방울을 매달고 흔드는 건 비슷한 제사 행위니까.

**제사를 지낼 때 방울 소리를 내던 물건들**

그래, 난 딸랑이가 아니라 청동기 시대 제사장이 사용하던 방울이야. 청동기 시대 제사장은 하늘에 제사를 지내는 사람이었을 뿐만 아니라 사람들을 다스리던 우두머리이기도 했단다. 옛사람들은 자연에 의지해서 살았기 때문에 하늘과 통한다고 여겨지는 제사장을 믿고 따랐어. 자연히 제사장은 마을의 우두머리 역할도 맡았지.

제사장은 하늘에 제사를 지낼 때면 나를 옷에 달았어. 어떤 방울은 손에 들고 흔들기도 했고. 옛사람들은 방울 소리가 신을 부르고 악귀를 물리친다고 믿었기 때문이야.

제사에는 청동 거울도 쓰였어. 제사장이 청동 거울을 옷에 달면 햇

빛이 반사되어 반짝반짝 빛나면서 제사 분위기를 성스럽게 했지. 청동 거울에 새겨진 셀 수 없이 많은 무늬는 햇살을 상징하기도 했어. 태양을 숭배하는 마음이 담겨 있었지. 이렇게 나를 비롯한 방울이나 청동 거울은 모두 하늘에 제사를 지내는 데 쓰던 것들이었어.

청동 잔무늬 거울　　　　　　　청동 거울에 새겨진 무늬

사실 당시에는 청동기가 귀해서 일상생활에는 별로 쓰이지 않았어. 청동으로는 제사에 필요한 물건이나 귀한 사람이 가지던 권력의 상징물을 만들었지. 그동안 사람들은 나무, 동물 뼈, 돌 등으로 도구를 만들어 사용해 왔어. 모두 쉽게 구할 수 있는 재료들이지만 어느 정도 사용하면 부러져 버리고 말았지. 또 나무, 동물 뼈, 돌로는 둥그렇게 휜 모양의 물건을 만든다는 건 생각할 수도 없었어. 그런데 금속은 잘 부러지지도 않고 강하면서 휜 모양의 물건을 만들 수 있으니 신기하고 귀하게 여겨졌지.

청동은 구리에 주석이나 아연을 섞어서 만들어. 구리만으로는 약하기 때문에 주석이나 아연을 섞는 거야. 주석과 아연을 어느 정도 섞느

냐에 따라 청동의 성질이 조금씩 달라지는데, 이것을 아는 사람은 대단한 능력을 가진 사람으로 인정받았어. 청동기를 만든다는 것이 곧 권력이 되었지. 청동 기술을 가진 사람 중 일부는 우두머리 노릇을 하며 마을을 지배했어.

  청동기는 처음에 중국을 통해 한반도에 전해졌어. 초기에 만들어진 것은 비파형 동검이야. 모양이 옛날 악기인 비파를 닮아서 이런 이름이 붙었지. 중국 랴오닝 지방에서 주로 출토되어 랴오닝식 동검이라고도 해. 이후 한반도에서는 더 얇은 모양의 세형 동검이 만들어졌어. 이건 주로 한반도에서만 나타나서 한국식 동검이라고도 불러. 청동 기술을 한국의 것으로 발전시킨 거지.

  청동기 시대에 검이 중요했던 것은 당시 사회 상황과 관계가 있단다. 청동기 시대는 농사가 더욱 활발해진 시기였어. 농업의 발달은 사람들 사이에 지배 구조를 만들었고, 부족 간에 농사지을 땅을 차지하기 위해 전쟁도 일어났지. 그러면서 무기가 어

**비파형 동검**     **세형 동검**

느 때보다 중요하게 된 거야.

  하지만 곧 강력한 금속인 철이 등장하면서 청동기는 철기에게 중요한 도구의 자리를 넘겨주지. 그런데 오늘날 전해지는 유물 중에는 청동기가 철기 못지않게 많아. 철은 녹이 나서 없어진 것이 많지만 청동기는 지금 보는 것처럼 푸른빛을 띤 채 남아 전해졌기 때문이야.

**농경문 청동기** 농기구로 밭을 갈고 있는 사람이 그려져 있어서 당시 농경 문화를 알 수 있다.

  무슨 말인지 모르겠다고? 구리가 무슨 색인지 알지? 그래. 구리는 붉은빛이야. 그런데 이 구리에 주석이나 아연을 섞으면 단단한 성질의 금속이 되면서 색깔도 누런빛으로 바뀌지. 이것이 본래 청동기의 색깔이야. 하지만 시간이 지나면서 청동기에도 녹이 슬게 돼. 바로 지금 눈에 보이는 푸른빛의 녹 말이야. 이렇게 청동 녹이 청동기를 뒤덮게 되면 그 안은 더 이상 상하지 않아. 녹 덕분에 청동기가 오히려 보호를 받는 거지. 내가 지금 여기 있을 수 있는 것도 녹에 싸여 있었기 때문이라고 할 수 있어. 녹 덕분에 너를 만난 거야. 만나서 반가웠어.

선사 · 고대관
# 판갑옷과 투구

> ? 왜 가야 유물은 대부분 철일까?

경상북도 고령 지산리 32호 무덤에서 발견된 가야의 유물. 전쟁에서 몸을 보호하기 위한 투구와 갑옷으로, 투구는 삼각형과 사각형의 철판을 못으로 연결하여 만들었다. 어깨 가리개는 양쪽으로 2개가 있고, 끝에 구멍이 있어 끈으로 연결하게 하였다. 갑옷은 몸의 곡선에 따라 부드럽게 휘게 만들었다.

가야실에서 가장 기억에 남는 건 병사들이 입는 갑옷하고 말 머리를 둘러싸는 말 머리 가리개인 거 같아. 사람뿐 아니라 말에게도 철로 가리개를 만들어 주다니 놀라워. 그러고 보니 가야실에는 철로 만든 유물들이 많네. 왜 그럴까?

잊혀진 나라인 줄 알았는데 이렇게 가야를 기억해 주니 고맙구나. 내 주인은 가야의 군인이었어. 나를 입고 가야를 지키려고 전쟁에 나섰지. 하지만 안타깝게 전쟁에 지고 말았단다.

고구려, 신라, 백제가 강력한 나라로 성장하여 삼국 시대를 열어 가고 있을 때, 한반도 남쪽에는 여러 작은 나라들이 있었어. 그 나라들이 바로 가야로, 한때 한반도 남쪽을 차지하고 있었지만 고구려, 신라, 백제처럼 고대 국가로는 성장하지 못했단다. 《삼

**가야의 위치**

35

국유사》라는 역사책에는 가야가 42년부터 562년까지 낙동강 중하류를 차지했던 나라라고 적혀 있어. 가야는 여러 작은 나라로 이루어진 연맹이었는데 초기에는 김해의 금관가야를 중심으로 발전했고, 후기에는 고령의 대가야를 중심으로 발전했어. 그러다 결국 신라에 흡수되고 말았지. 하지만 가야는 보잘것없는 나라가 아니었단다.

   가야실에 철로 만든 유물이 많다고 했지? 그건 가야가 철이 많은 나라였기 때문이야. 한반도에서 철을 사용하기 시작한 것은 기원전 3세기부터였어. 한반도 북쪽에서부터 철기가 만들어져 100년에서 200년에 걸쳐 한반도 전체로 퍼지게 되었지. 철은 청동기보다 훨씬 단단하고 강했기 때문에 무기는 물론 농기구로도

**가야 말 머리 가리개**
전쟁에서 말을 보호하기 위해 씌우던 것

**가야 말갖춤** 말을 타거나 부릴 때 쓰던 도구와 장식 용품

많이 쓰였어. 그래서 매우 중요하게 여겨졌단다.

철이 많은 나라였던 가야는 철을 이용해서 발전해 나가기 시작했어. 철은 중요한 수출품이 되었고, 철로 만든 농기구는 농업의 발달을 가져왔지. 가야의 철은 낙랑이나 왜(일본)에 수출되기도 했어. 다른 나라 사람들은 철이 많은 가야를 아주 부러워했지. 가야에서는 철이 많으니 철을 화폐로 사용하기도 했는데 이를 보고 신기하게 여길 정도였어.

가야 유물에서는 덩이쇠도 발견되곤 해. 덩이쇠는 가운데가 잘록하고 양쪽 끝은 폭이 넓은 쇠판으로, 철기를 만드는 원료였어. 덩이쇠와 함께 철기를 만드는 데 필요한 도구들도 발견되었는데,

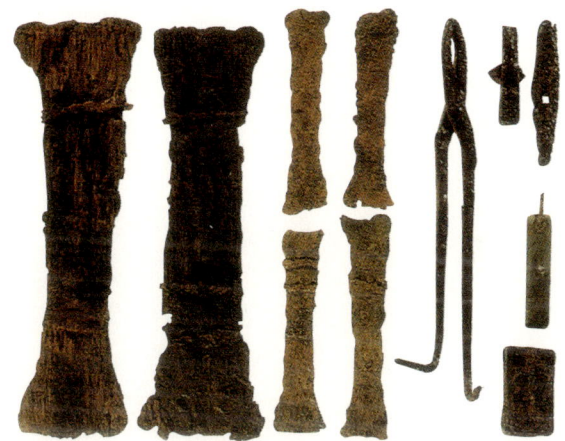

**덩이쇠와 철기 제작 도구**

이건 가야가 단지 철만 많은 것이 아니라 철을 다루는 기술도 뛰어났다는 걸 의미한단다. 나만 보아도 그건 쉽게 짐작이 될 거야.

나는 허리가 잘록한 곡선으로 되어 있어. 사람 몸의 곡선과 같은 모습이야. 철판을 얇게 펴서 만든 것은 물론, 사람 몸에 편하게 잘 맞도록 디자인을 한 거야. 철판을 두드려 얇게 펴고 쇠못으로 연결해서 만들었는데, 당시에는 아무나 만들 수 있는 게 아니었단다. 철 가공 기술

이 뛰어나야만 가능한 일이었어.

　나처럼 생긴 갑옷을 판갑옷이라고 해. 넓은 철판을 잇대어 만든 모습이지. 가야에는 판갑옷을 만드는 나무틀도 있었어. 가야가 고구려, 신라와 전쟁을 치르면서 갑옷이 많이 만들어졌지.

　가야에는 판갑옷 외에 비늘 갑옷도 있었어. 비늘 갑옷은 이름처럼 물고기 비늘같이 생겼어. 작은 철판에 구멍을 낸 다음 가죽 끈으로 연결해서 만들었지. 비늘 갑옷은 판갑옷에 비해 입고 움직이기가 훨씬 편했어. 그래서 판갑옷은 주로 걸어다니는 보병들이 입었고, 비늘 갑옷은 말을 타고 싸우는 기마병들이 입었던 것으로 보기도 해.

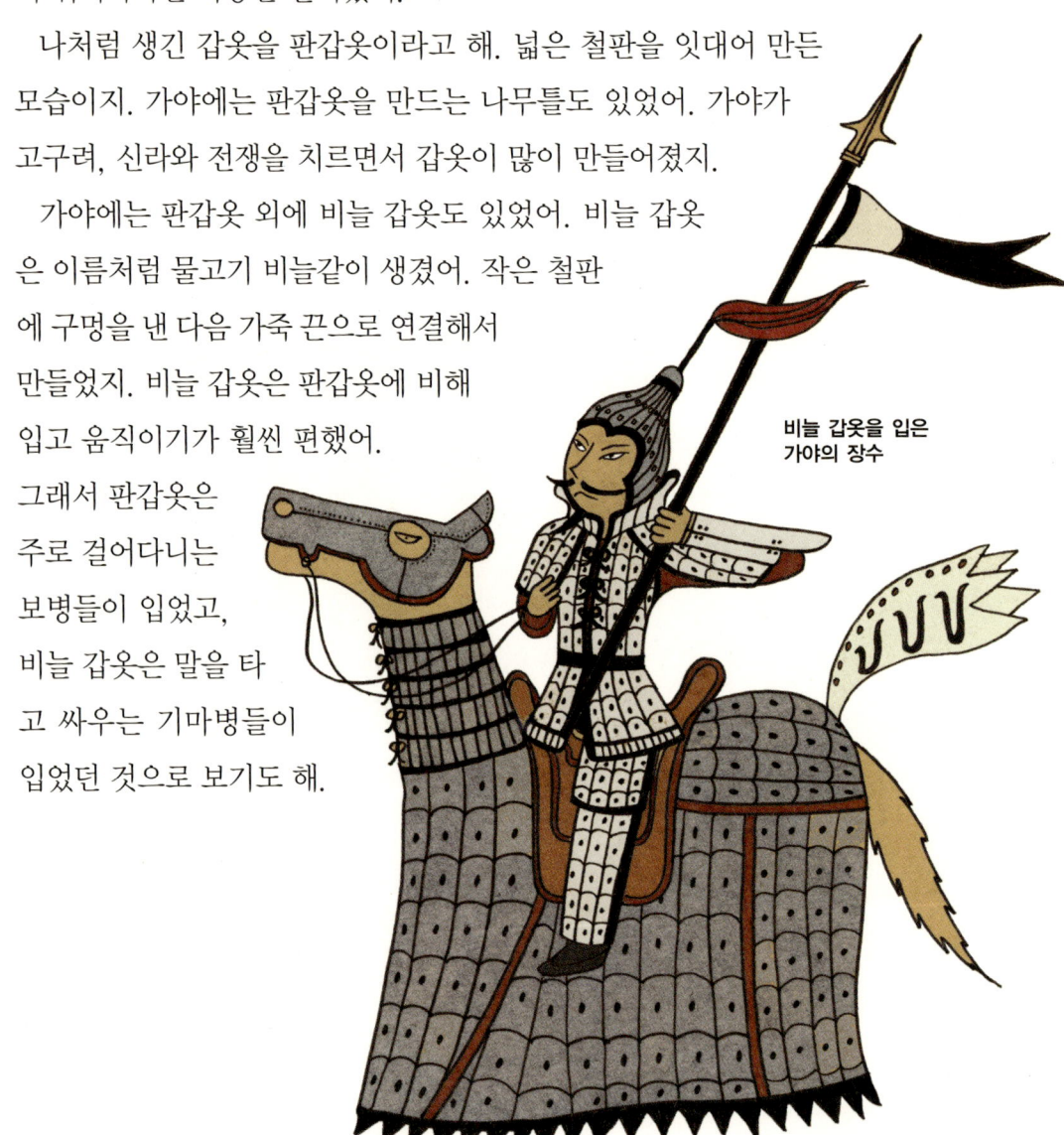

**비늘 갑옷을 입은 가야의 장수**

가야의 뛰어난 철 가공 기술을 볼 수 있는 것으로는 갑옷 말고도 말 장신구가 있어. 또 고리자루칼도 아주 멋이 있지. 손잡이 부분에 고리가 달린 칼로, 사람들은 이 고리 안에 장식을 넣어 멋지게 꾸몄어. 장식 모양으로는 용, 봉황, 잎사귀 등이 있었는데, 이것은 당시 사람들의 신분을 나타내기도 했단다.

난 지금도 내가 가야를 후대 사람들에게 알리고 있다는 것에 자부심을 느껴. 가야는 고대 국가로 성장하지 못하고 사라져 버렸지만 가야의 문화는 사라지지 않고 후대까지 전해지고 있어. 가야의 음악가 우륵이 가야금을 만들고 그 가야금이 신라를 거쳐 오늘날까지 전해졌듯이 말이야.

용봉 무늬 고리자루칼

선사 · 고대관

# 말 탄 사람이 그려진 벽화

? 천오백 년 전에 그린 그림이 어떻게 지금도 선명할까?

쌍영총 널길 서쪽 벽에 있던 벽화의 일부분이다. 쌍영총 널길에는 수레와 말 탄 사람, 악대 등 여러 가지 벽화가 그려져 있었는데 지금은 거의 없어졌다. 머리에 깃털을 꽂은 사람이 말을 타고 있는 그림을 통해 고구려의 의복과 말갖춤을 살펴볼 수 있다.

이게 고구려 고분에 있었던 벽화구나. 벽화를 실제로 보는 건 처음이야. 고구려 때 벽화라면 꽤 오래전에 그려졌겠는걸. 와아, 계산해 보니 이 벽화는 천오백 년 전쯤에 그려졌네. 그런데 어떻게 아직도 그림이 선명할까?

네가 나를 뚫어지게 쳐다보는 바람에 나도 네 얼굴을 찬찬히 들여다보았단다. 넌 참 똑똑하게 생겼구나! 내가 왜 아직까지 선명한지 궁금하다고? 내가 너의 궁금증을 풀어 주마.

나는 프레스코 기법으로 그려졌어. 옛날 벽화들 중 많은 벽화가 프레스코 기법으로 그려졌지. 프레스코 기법은 벽화를 그릴 벽에 석회나 진흙을 바르고 마르기 전에 그림을 그리는 것을 말해. 석회가 다 마르기 전에 그림을 그리기 때문에 물감은 석회 속에 스며들어 마르게 되지. 날 자세히 보렴. 색깔이 조금 번진 것처럼 보이지? 덜 마른 석회에 물감이 스며들었기 때문이야. 이게 바로 벽화가 오래도록 선명하게 보존되는 비밀이기도 해. 벽 위에 물감을 바르면 시간이 지나 물감이 떨어져 버릴 수 있지만 이렇게 물감이 스며들면 떨어지는 일이 없어서 더 오랫동안 보존이 되지.

이런 방법으로 그림을 그리려면 주의할 점이 있어. 절대로 한꺼번에 석회를 다 발라서는 안 된다는 거야. 석회가 마르기 전에 그릴 수 있는 정도만 발라야 하지. 그게 벽화를 그리는 요령이야.

벽화를 그리는 다른 방법으로는 벽이나 천장 면에 직접 그리는 방법

이 있어. 벽면은 종이처럼 매끄럽지 않고 홈이 있기 때문에 붓으로 물감을 찍어 바르듯 그렸지. 물감이 벽면의 홈에 박히면 벽화가 오랫동안 보존될 수 있었기 때문이야. 하지만 시간이 지나면서 물감은 공기나 습기의 영향으로 색이 바래기 때문에 발굴된 벽화를 선명하게 보존

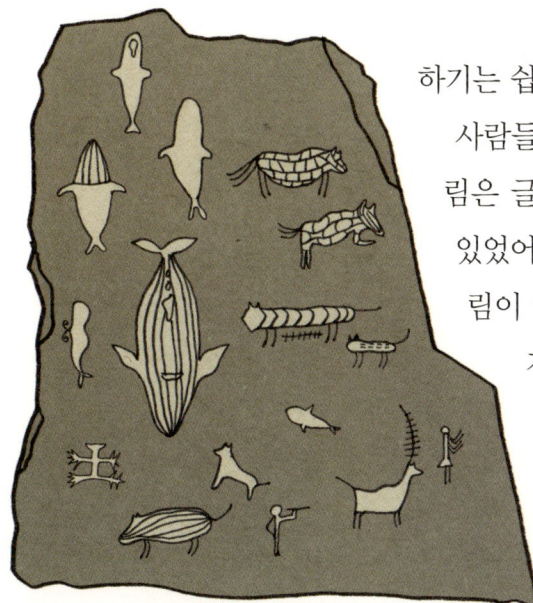

반구대 암각화

하기는 쉽지 않았단다.

　사람들은 왜 벽화를 그린 걸까? 그림은 글자가 발명되기 훨씬 전부터 있었어. 글자가 없었던 시대에는 그림이 글자를 대신했다고 할 수 있지. 사람들은 아주 많은 그림을 그렸을 거야. 하지만 오늘날에는 동굴이나 바위에 새겨진 그림만 남아서 전해지고 있어. 오랜 세월이 흐르는 동안 대부분 사라지고, 비바람을 막을 수 있는 동굴이나 무덤 속 벽화만 남아 전해진 거지.

　아주 오랜 옛날부터 벽화로 그려진 것에는 동물들이 많았어. 울산에서 발견된 바위 그림인 반구대 암각화에는 고래, 거북, 새 등의 동물 그림이 새겨져 있고, 에스파냐에서 발견된 알타미라 동굴 벽화에도 황소 그림이 있지. 이렇게 동물들을 그린 것은 당시 사람들이 자신이 사냥한

알타미라 동굴 벽화

43

동물을 그림으로 그리기를 좋아했기 때문이야. 일기를 쓸 때 그날 있었던 인상적인 일을 쓰는 것과 비슷하지. 또 자신이 그린 동물을 사냥하기를 바라는 마음도 있었을 거야.

이렇게 벽화는 그 시대의 문화와 생활 모습을 전해 주곤 해. 그래서 고구려의 수많은 고분 벽화는 고구려 사람들이 어떻게 살았는지 친절

무용총 수렵도

하게 소개해 주고 있지. 나를 보면 고구려 사람들이 어떻게 생겼는지, 어떤 옷을 입었는지, 어떻게 말을 탔는지 알 수가 있잖아?

고구려 무덤은 벽은 물론 천장까지 벽화로 꾸며진 것이 많아. 다양한 벽화 때문에 무덤의 분위기가 더 신비롭게 느껴진다고들 말하지.

어떤 벽화가 있는지 궁금하다고? 그래, 그럴 거야. 사실 고구려 벽화를 실제로 보기는 힘드니까. 고구려는 한반도는 물론 만주 벌판까지 차지한 큰 나라였어. 도읍지를 평양으로 옮기기 전까지 고구려의 도읍은 국내성이었지. 국내성은 지금의 중국 지린 성 지안 현이야. 이곳에는 수많은 고구려 무덤과 고구려 유적이 남아 있다고 해. 북한 땅에도 여러 고구려 고분이 있고.

고구려 고분에 있는 벽화는 고구려 사람들이 무용하는 그림, 사냥하는 그림, 씨름하는 그림, 반은 사람이고 반은 동물인 그림, 동서남북을 지키는 상상의 동물 그림 등 다양하단다.

고구려 고분의 이름은 벽화의 내용에 따라 지은 것도 있어. 무용하는 사람들의 벽화가 있는 것은 무용총 같은 식이지. 고분의 이름이 한자로 되어 있는 경우가 많아 쉽게 알긴 힘들겠지만 조금만 관심을 가지면 고분의 특징을 알 수가 있어.

참, 고구려 시대에도 피라미드 같은 무덤이 만들어졌다는 건 알고 있니? 장군총이라는 무덤인데 큰 돌을 피라미드 모양으로 쌓아 만들었어. 동양의 피라미드라고 불릴 정도로 규모가 크고 위풍당당해 보이지. 사람들은 이것이 광개토 대왕이나 그 아들 장수왕의 무덤이 아닐까 생각했어. 그 즈음에 만들어진 것이기도 하고, 워낙 규모가 커서 대단한 업적을 남긴 왕의 무덤일 거라고 추측한 것이지. 하지만 무덤에서 뚜렷한 증거를 찾아내지 못했기 때문에 보통 사람이 아닌 장군 정도 되는 큰 인물의 무덤일 것이라고 하여 장군총으로 부르고 있어.

**장군총**

처음 그대로 잘 보존되었다면 무덤이 누구의 것인지 알 수 있었겠지만, 고구려의 무덤은 대부분 도굴을 당해서 누구의 무덤인지 알 수 있는 것이 거의 없어. 도굴이란 옛 무덤 등을 파헤쳐서 그 안에 든 것을 훔치는 걸 말해. 이렇게 큰 무덤에는 귀한 물건이 많이 묻히기 때문에 도굴꾼들이 호시탐탐 노렸을 거야. 옛날 사람들은 죽어서도 무덤에서 산다고 믿었기 때문에 살아 있을 때처럼 무덤 속을 꾸몄거든. 그러니 왕의 무덤은 화려할 수밖에 없었어. 왕을 모시던 신하까지 무덤 속에 함께 묻는 경우도 있을 정도였으니까.

내 이야기를 듣고 보니 고구려 무덤을 실제로 보고 싶을 지도 모르겠다. 하지만 앞에서도 말했듯이 고구려 무덤이 남아 있는 곳은 현재 중국 땅이기 때문에 직접 보기가 쉽지 않아. 게다가 한국 사람이 나서서 고구려 무덤을 관리할 수도 없어서 답답하지. 얼마 전에는 '동북공정'이라 하여 중국 사람들이 중국 땅에서 있었던 역사를 모두 자신들의 역사처럼 꾸미는 어처구니없는 일도 있었어. 중국 사람들 주장대로라면 넓은 영토를 차지하고 힘찬 문화를 뽐냈던 고구려와 발해의 역사가 모두 중국 것이 되는 거야. 두 눈 멀쩡히 뜨고 우리 역사와 문화를 빼앗기게 생겼지 뭐니. 그래서 난 더 많은 사람들이 고구려 벽화에 관심을 가졌으면 좋겠어. 박물관에서 실제 고구려 벽화를 많이 볼 수 없지만 고구려의 벽화는 소중한 한국의 문화유산이라는 걸 잊지 말아 줘.

선사 · 고대관
# 백제 금동대향로

?
어디에 쓰려고 이렇게 화려하고 멋있게 만들었을까?

부여 능산리 절터에서 발굴되었다. 국보 제287호로 제사를 지낼 때 향을 피우는 향로이다. 향의 연기는 봉황의 가슴과 뚜껑에 있는 12개의 구멍으로 피어오르게 되어 있다.

우아, 멋있다! 왕관보다 훨씬 멋진걸! 근데 이게 뭐지? 어, 향로라고 쓰여 있네. 향로는 향을 피우는 도구잖아. 향로를 이렇게 화려하게 만들 필요가 있었을까? 복잡할 정도로 많은 이 장식은 도대체 뭐지?

하하, 내가 좀 화려하긴 하지. 맞아, 외국 관람객들도 나를 보면 멋진 모습에 입을 다물지 못하더군. 또 어떤 금속 기술자는 오늘날 기술로도 나 같은 향로를 만들지 못할 거라고 말했어. 게다가 나에겐 화려한 모양새만큼이나 흥미진진한 이야기가 담겨 있어서 사람들이 더 관심을 갖더구나. 이제부터 그 이야기

**부여 능산리 고분군**

들을 풀어 놓을게.

　내가 사람들에게 모습을 드러낸 건 1993년 겨울이었어. 충청남도 부여는 백제의 마지막 도읍지인 사비였던 곳이야. 이곳의 능산리라는 마을에는 왕의 무덤으로 보이는 무덤이 여럿 있었어. 무덤을 보려고 능산리를 찾는 사람이 많았지. 부여군에서는 왕릉을 찾는 관광객들을 위해 주차장을 짓기로 했어.

　하지만 섣불리 주차장을 지을 수는 없었어. 많은 고분이 있는 곳인 만큼 함부로 땅을 파고 공사를 할 수는 없었거든. 고고학자들은 주차장을 짓기 전에 발굴 조사를 하기로 했지. 학자들은 인부들의 도움을 받으며 땅을 파기 시작했어. 발굴 조사는 며칠 동안 이어졌지만 별다른 성과를 얻을 수 없었지. 그래서 발굴 조사를 마치려고 했는데 한 고고학자가 고집을 부렸어. 이대로 주차장을 만들면 다시 발굴 조사를 하기는 어려울 테니 조금만 더 해 보자는 거야. 발굴은 다시 시작되었어. 땅을 파고 들어갈수록 물이 흘러넘쳤지. 질퍽한 진흙은 땅 파기를 더욱 힘들게 만들었어.

　그때였어. 땅속에서 무언가가 느껴졌어. 날은 이미 저물어 어두워져 가는데 땅속에서 뭔가가 있다는 신호가 온 거야. 고고학자들은 이대로 물러설 수가 없었어. 해가 짧은 겨울이어서 날은 더 빨리 지고 있었지. 발굴지에는 조명이 설치되고 고고학자들은 혹시라도 도굴꾼들에게 알려질까 봐 인부들까지 모두 돌려보낸 뒤 발굴을 이어 갔어. 흐르는 물을 스펀지로 적셔서 빼내며 진흙을 파냈지. 학자들의 손은 겨울 찬바

람에 꽁꽁 얼어붙었어. 이때 내가 나타난 거야. 나를 본 학자들은 놀라움에 말을 잇지 못했어. 네가 말했던 것처럼 나처럼 큰 향로는 흔치 않아. 게다가 정교한 조각들이 가득하니 한눈에도 신비롭게 보였을 거야.

내가 발견된 곳은 옛 왕실의 절터였어. 예로부터 절에서 불공을 드릴 때 향을 피웠으니 난 아마 왕실의 절에서 쓰던 향로였을 거야. 향로는 기원전 3세기부터 사용하기 시작했어. 처음에는 인도에서 냄새를 없애기 위해 사용했는데, 점차 불교 의식에 쓰이게 되었지. 향로는 중국을 거쳐 우리나라에까지 전해졌어. 내게도 향을 피우면 연기가 피어오르는 구멍이 곳곳에 있어. 뚜껑에 있는 구멍에서 하얀 연기가 피어오르지.

사람들이 나를 보고 또 놀란 것은 어디 하나 녹슨 데 없이 본모습 그대로 잘 보존되어 있었다는 거야. 내가 만들어진 것이 약 1400년 전이니까 놀랄 만도 해. 청동으로 만들고 그 위

에 금을 칠하긴 했지만 시간이 지나면 녹이 슬곤 하는데 난 그렇지 않았어. 그건 모두 진흙 덕분이었단다. 진흙 속으로 공기가 통하지 않아서 내가 녹슬지 않았던 거야. 발굴 과정도 그렇지만, 약 1400년간 진흙에 묻혀 있어 녹슬지 않고 발굴된 것도 사람들은 기적이라고 말하지.

이제는 내 몸에 있는 이야기를 들려줘야겠구나. 나는 받침과 몸통, 뚜껑으로 이루어져 있어. 복잡할 정도로 여러 모양이 조각된 것은 내가 여러 이야기를 담고 있기 때문이란다. 먼저 내 받침은 용이 한쪽 다리를 들고 있는 생동감 있는 모습이야. 용은 옛사람들의 상상

**금동대향로의 받침 부분**

**금동대향로의 몸통 부분**

속 동물로, 물에 사는 동물을 대표해. 음과 양 중에 음을 상징하지. 그러니까 향로의 아래쪽은 물속 세상과 음을 표현하고 있는 거야.

몸통은 끝이 뾰족한 연꽃잎으로 장식이 되어 있어. 연꽃이

어디에서 자라는지 알지? 바로 물이잖아. 용이 물속을 표현했다면 연꽃은 물에 뿌리를 두고 자연스럽게 물 밖 세상으로 나오고 있는 모습인 거야. 그리고 연꽃은 불교를 상징하는 식물로, 몸통은 불교 사상을 표현한 것이기도 하단다.

몸통에서 조금 눈길을 올려 뚜껑으로 가 볼까? 뚜껑에는 울퉁불퉁 산이 있어. 산 사이사이에는 여러 동물이 있고, 신선의 모습이 보여. 그리고 위쪽에는 주악천인이라 불리는 다섯 명의 악사가 완함, 피리, 배소, 북, 거문고를 연주하고 있어. 이렇게 뚜껑은 동물과 인간들이 어울려 사는 땅 위의 모습을 보여 주지. 그리고 자연과 신선들이 있으니 도교 사상도 담고 있다고 할 수 있어. 당시 백제의 중심 사상이던 불교와 도교 사상이 모두 담겨 있는 거지. 뚜껑의 가장 꼭대기에는 봉황이 앉아 있어. 봉황은 하늘을 나는 새로 음양 사상 중 양을 나타낸단다.

**금동대향로 뚜껑 펼친 모습**

받침에서 용이 음을 나타내고, 뚜껑 가장 꼭대기에서 봉황이 양을 나타냈으니 음양의 조화를 보여 주고 있다고 할 수 있지. 그리고 용과 연꽃, 산과 하늘을 나는 봉황을 통해 물속, 땅, 하늘까지 온 세상을 보여 주고 있는 것이기도 해. 향로 하나에 온 세상을 상징적으로 담은 거야. 이렇게 많은 이야기를 담고 있으니 어떻게 화려한 조각만으로 감탄할 수 있겠니? 나에겐 당시 백제 사람들이 가지고 있던 철학이 온전히 담겨 있는 거란다.

얼핏 보아서는 잘 모르겠지만 내겐 원숭이도 새겨져 있고, 코끼리를 탄 신선도 있어. 백제에는 원숭이나 코끼리가 없었지만 멀리 인도에는 원숭이나 코끼리가 살고 있었어. 백제 사람 중 누군가가 그런 이야기를 듣고 상상하여 새긴 것 같아. 아무튼 나로 인해 사람들은 백제에 대한 궁금증을 많이 풀 수 있었어. 백제의 문화가 일본에 전해져 아스카 문화를 일으킬 정도로 훌륭했다는 사실은 잘 알려져 있지만 실제 백제의 유물은 전해지는 것이 적어 제대로 연구하기가 힘들었다고 해. 그래서 백제에겐 '잃어버린 왕국'이란 별명도 붙었다지. 하지만 복잡하다 싶을 정도로 화려한 내가 발굴되어서 백제에 대해 궁금해하던 사람들에게 많은 답을 주었단다. 자, 백제에 대해 궁금한 것이 있다면 나를 더 살펴보렴.

선사·고대관
# 금관

> ? 한들한들한 금관, 정말 머리에 썼을까?

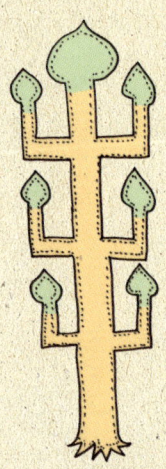

국보 제191호로 황남대총 북쪽 무덤에서 발견되었다. 황남대총은 북쪽과 남쪽 무덤이 연결된 표주박 모양으로 북쪽은 여자의 무덤, 남쪽은 남자 무덤인 부부 무덤이다. 금관은 신라 지배층의 권위를 상징하는 것으로 보통 나뭇가지 모양과 사슴뿔 모양의 세움 장식이 있다.

번쩍번쩍, 한들한들, 정말 멋진 금관이구나! 신라 하면 가장 먼저 떠오르는 게 바로 황금으로 만든 금관이지. 그런데 금관을 볼 때마다 궁금한 게 있어. 신라의 왕은 이 금관을 정말 머리에 썼을까?

금관을 정말로 머리에 썼는지 궁금하다고? 나를 머리에 쓴다면 어떤 모습일 것 같니? 보다시피 나는 꽤 크단다. 머리 위로 솟은 장식도 길지만 아래로 늘어뜨린 장식도 길지. 나를 머리에 쓴다면 늘어뜨린 장식이 어깨까지 내려올 정도란다. 그러니 나를 머리에 쓰면 여간 불편하지 않았을 거야. 게다가 얇은 금판으로 만들어 한들한들하니 쓰고 있으면 꽤 불안했을걸? 금관이 금방이라도 쓰러질 것 같았을 테니까.

어때? 내 얘기를 들으니 이제 알겠지? 그래, 난 죽은 이의 신분을 보여 주는 장식용일 뿐이었어. 하지만 화려하지 않은 작은 관 중에는 실제 머리에 썼던 것도 있단다. 그건 관에 고친 흔적이 남은 걸 보면 알 수 있어. 관을 머리에 썼다가 망가져서 고쳐서 사용한 거지. 이제 궁금증이 좀 풀렸니?

신라의 유물 중에는 나처럼 생긴 금관들이 여러 개 있어. 지금까지 모두 6개의 금관이 발견되었지. 전 세계에 순금으로 만든 금관이 모두 10개인데 그중 6개가 신라의 금관이야. 그 정도로 순금으로 금관을 만든 나라는 흔치 않았던 거야.

그러니 신라를 '황금의 나라'라고 부를 만하지? 신라에서 금관이 많이 만들어진 건 금이 많이 났기 때문이야. 또 신라의 금 가공 기술이 뛰어났기 때문이기도 하고. 아무튼 멋진 문화를 가졌다는 자랑스러운 마음을 가져도 좋아.

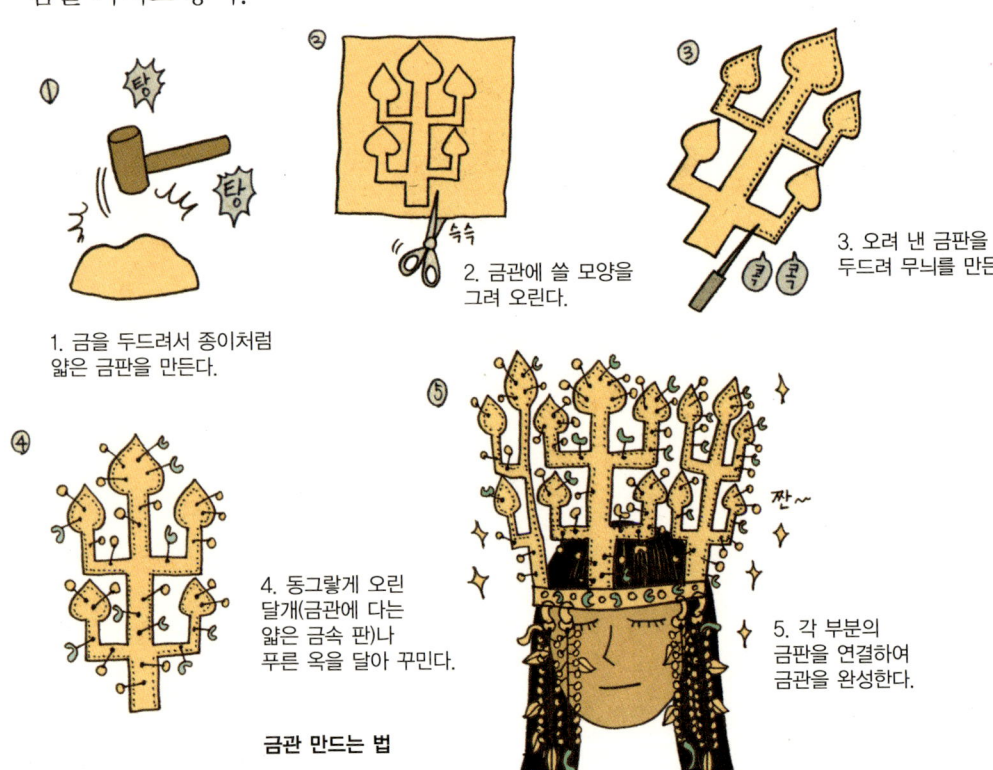

**금관 만드는 법**

1. 금을 두드려서 종이처럼 얇은 금판을 만든다.
2. 금관에 쓸 모양을 그려 오린다.
3. 오려 낸 금판을 두드려 무늬를 만든다.
4. 동그랗게 오린 달개(금관에 다는 얇은 금속 판)나 푸른 옥을 달아 꾸민다.
5. 각 부분의 금판을 연결하여 금관을 완성한다.

나 외에 다른 금관을 보면서 여러 금관의 모양이 서로 비슷하다는 생각이 들지 않았니? 사실 금관은 어느 정도 일정한 모양을 가지고 있거든. 위로 세운 금판이 모두 나뭇가지나 사슴뿔처럼 생겼고, 푸른 옥이 달렸다거나 금관 끝이 새 모양을 닮았다거나 한단다.

　금관을 이런 모양으로 만들게 된 것은 금관에 당시 사람들의 사상을 담았기 때문이란다. 옛사람들은 나무가 땅의 사람과 하늘을 연결해 준다고 믿었어. 나무는 땅에 뿌리를 두고 있지만 하늘을 향해 자라기 때문에 그런 생각을 했던 거야. 그래서 사람들은 나무를 신성하게 여겼어. 특히 자작나무를 신성하게 생각했지. 또 북쪽 지역 사람들은 사슴을 중요한 식량으로 삼았기 때문에 사슴뿔로 머리 장식을 하는 경우가 많았어. 그리고 이렇게 사슴뿔을 머리에 쓰면 하늘의 말을 들

**금관의 세움 장식**

**금관의 곱은 옥 장식**

을 수 있다고 믿었단다. 금관의 모양이 왜 나뭇가지처럼, 사슴뿔처럼 생겼는지 알겠지?

　옥을 단 것도 이유가 있어. 작고 곱은 모양의 옥은 엄마 배

속의 태아를 닮았어. 생명체를 닮은 거지. 옛사람들도 같은 생각을 했던 거 같아. 옛날 사람들에게 곱은 옥은 생명을 상징했지. 옥은 금관뿐 아니라 다른 장신구에도 많이 쓰였어. 옥을 지니고 있으면 건강할 뿐 아니라 오래 산다고 믿었기 때문이지. 또 옥은 죽은 뒤 새로운 세상에서 다시 태어난다는 뜻도 담고 있어서 좋아했단다.

**서봉총 금관의 새 모양 장식**

마지막으로 금관의 나뭇가지 모양 끝을 자세히 봐 줄래? 모양이 간단하지가 않지? 바로 새 모양을 나타낸 거야. 하늘을 믿고 따랐던 옛사람들은 하늘을 나는 새가 인간 세계와 하늘을 연결해 준다고 믿었어. 새를 단순한 동물이 아닌 특별한 존재로 여긴 거지. 옛날에는 마을 입구에 풍년을 기원하는 의미로, 또는 마을 수호신의 상징으로 솟대라는 긴 장대를 세웠는데, 솟대 위에도 새 장식을 달곤 했어. 솟대 위의 새도 같은 의미를 갖고 있지.

나를 통해 신라 사람들은 죽은 사람의 명복을 빌었던 거 같아. 그리고 귀한 금과 화려한 장식으로 죽은

**솟대의 새 장식**

사람이 얼마나 큰 권력을 가진 사람인지도 보여 주고 말이야.

난 내가 이렇게 박물관에 있다는 것이 너무 다행스러워. 나처럼 멋있고 화려한 금관을 도굴꾼들이 보았다면 얼마나 침을 흘렸겠어. 순금인 데다 이렇게 멋있기까지 하니 값으로 따지면 어마어마했을 거야. 게다가 금관은 전 세계적으로 흔한 것이 아니니 그 소중함은 말로 다 할 수 없겠지. 하지만 신라의 유물들은 고구려나 백제에 비하면 후대에 잘 전해진 편이야. 이건 신라의 무덤 형식이 고구려나 백제와 다른 형태였기 때문에 가능했단다.

신라의 화려한 부장품

금귀걸이　　　금목걸이　　　허리띠 꾸미개

무덤은 아주 오래전부터 만들어졌어. 하지만 무덤의 규모가 커지기 시작한 것은 사람들 사이에서 권력이 생겨나면서부터지. 큰 권력을 가졌던 사람은 죽어서도 그 권력에 따라 크고 멋진 무덤에 묻히게 되었어. 무덤은 나라별, 시대별 유행이 있어서 무덤의 모양을 보면 어느 시대 것인지 알 수가 있지.

신라의 무덤은 고구려, 백제와 달리 수혈식 무덤이 많아. 수혈식 무덤은 땅을 아래로 깊게 파서 무덤을 만든 형태라서 구덩식 무덤이라고도 해. 신라 시대에는 적석 목곽분 또는 돌무지덧널무덤이라고 하는 무덤도 만들어졌어. 땅을 조금 파거나 맨 땅 위에 나무로 곽을 만들고 그 안에 관과 금관 같은 부장품(무덤에 함께 묻는 물건)을 넣은 뒤 그 위로 돌을 쌓고, 다시 흙을 덮어 크고 둥글게 무덤을 만들었지. 이렇게 만든 무덤은 시간이 흐르면서 나무가 썩어 무너져 내리기 때문에 무덤 속에 든 부장품을 훔쳐 가기가 쉽지 않아.

고구려와 백제의 무덤은 대개 횡혈식으로 만들어졌어. 돌을 쌓아 가로로 길을 만들고 그 속에 관 넣을 방을 만들어 관과 부장품을 넣었던 거야. 관으로 가는 길이 있기 때문에 수혈식 무덤보다는 도굴하기가 편했겠지. 도굴꾼들은 문화재를 훔쳐서 외국으로 몰래 팔아 버리기도 하고, 금을 녹여서 팔기도 했어. 횡혈식 무덤은 후에 신라에도 전해져 몇몇 무덤은 횡혈식으로 만들어졌지만, 적석 목곽분으로 만들어진 대부분의 신라 무덤은 그런 끔찍한 일을 당하지 않았어. 정말 다행이지?

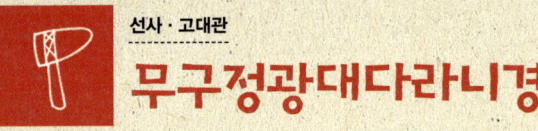

## 무구정광대다라니경

선사 · 고대관

> ?
> 왜 경전을
> 두루마리 휴지처럼
> 돌돌 말았을까?

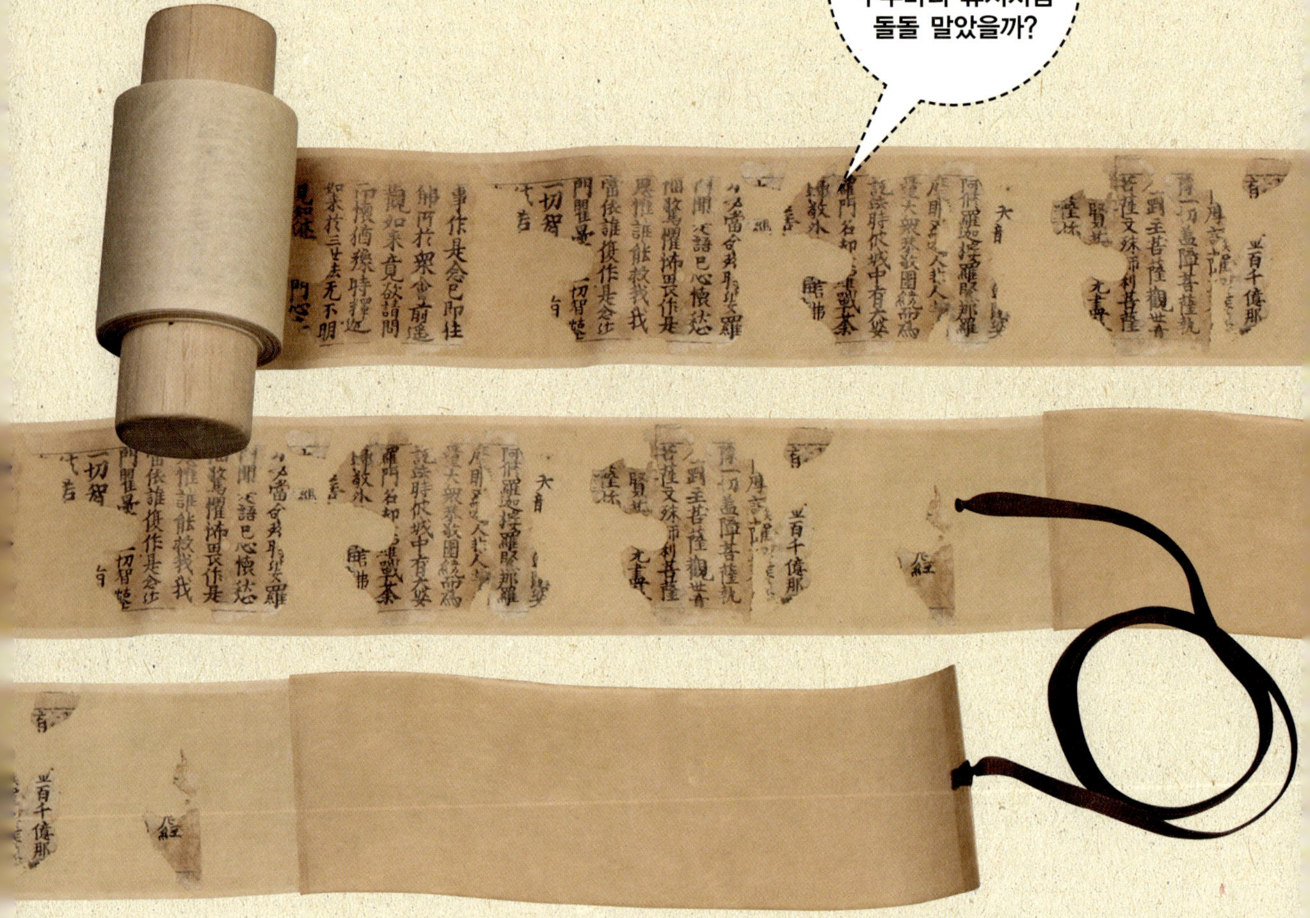

국보 제126호로 통일 신라 시대인 751년경에 만들어졌다. 세계에서 가장 오래된 목판 인쇄물로,
우리나라의 뛰어난 인쇄술을 보여 주는 문화재이다.

무구정광대다라니경은 불교 경전이라는데 왜 이렇게 생겼지? 종이가 돌돌 말린 것이 두루마리 휴지처럼 보이잖아. 부처님의 말씀을 적은 경전이라면 소중하게 다루어야 할 텐데, 왜 이렇게 휴지처럼 말아서 만든 걸까?

돌돌 말린 내 모습이 이상해 보이니? 내가 어디에서 발견됐는지 알고 나면 모양이 그리 이상하게 느껴지지는 않을 거야. 나는 경주 불국사에 있는 석가탑(불국사 삼층 석탑) 속에서 나왔어. 불교에서 탑은 불상이 만들어지기 전 부처님처럼 여기며 기도를 하던 대상이었단다. 탑이 바로 부처님의 무덤이었기 때문이야. 탑이 부처님의 무덤이라니 잘 믿어지지 않지? 부처님이 태어나고 돌아가신 인도에서는 탑을 무덤처럼 둥글게 만들었어. 그러다 탑이 중국으로 전해지면서 모양이 조금씩 변했지.

불교에서는 죽은 사람을 화장하는 풍습이 있어서, 화장하고 나온 부처님의 유골을 탑에 넣어 보관한 거야. 부처님의 유골은 '사리' 라고 부르지. 처음엔 부처님의 사리를 8개의 탑에 나누어 보관하다가 불교를 여러 곳으로 전파하면서 8만 4000여 개로 나누어 곳곳으로 보냈어. 우리나라에도 부처님의 사리가 있는 석탑이 있단다.

 하지만 나라마다 고장마다 절이 지어지는데 모든 석탑에 부처님의 사리를 넣을 수는 없지 않겠어? 그래서 그다음부터는 부처님의 말씀인 불교 경전을 석탑에 만들어 넣기 시작했어. 석탑에 넣어 보관하려니 경전을 크게 만들기는 어려웠겠지? 또 이렇게 불교 경전을 작게 만든 건 경전을 들고 다니면서 읽기 위해서이기도 해.

 내가 처음 발견되었을 때 세상은 꽤나 떠들썩했어. 내가 석가탑 속에 있는 걸 몰랐다가 석가탑을 고치는 과정에서 나를 발견했거든. 게다가

팔만대장경 경판

나는 지금까지 발견된 목판 인쇄물 중 가장 오래된 것이었단다. 이렇게 역사적으로 귀하다 보니 중국 사람들은 내가 중국에서 만들어졌다고 주장했어. 당시 통일 신라와 중국의 교류가 활발했기 때문에 중국에서 만들어서 신라로 보냈다는 거야. 하지만 우리나라 학자들의 생각은 달랐어. 신라에서도 충분히 경전을 만들 수 있었는데 그럴 리가 없다는 거지. 게다가 결정적인 것은 나를 만든 종이가 신라에서 만들어진 종이였다는 거야. 중국에서는 세계에서 가장 오래된 목판 인쇄물을 자신들의 것으로 하고 싶었겠지만 그 영광은 우리나라의 것이었지.

인쇄술 하면 우리나라를 빼고 말을 할 수가 없을 거야. 우리나라는 예로부터 최고의 인쇄술을 가진 나라였거든. 팔만대장경이라고 들어 봤지? 불교를 믿던 고려는 거란이 침입하자 불교 경전을 만들어 부처님의 힘으로 나라를 지키고자 했어. 불교를 통해 온 국민의 힘을 한데 모으려는 뜻도 있었지. 이때 만들어진 것이 초조대장경이야. 하지만 초조대장경은 몽고의 침입 때 모두 불타고 말았어. 고려에서는 계속 이어지는 몽고의 침입을 불교의 힘으로 막기 위해 다시 대장경을 만들게 돼. 그때 만들어진 것이 팔만대장경이야.

1. 경판을 만들 나무는 바닷물에 3년간 담가 두었던 것을 사용한다. 그래야 썩거나 벌레 먹는 것을 막을 수 있다.

2. 나무를 바닷물에서 꺼내 판자로 짠 후, 다시 소금물에 삶는다.

3. 잘 말려 다듬은 목판에 미리 글을 써 놓은 종이를 붙여서 글자를 조각한다.

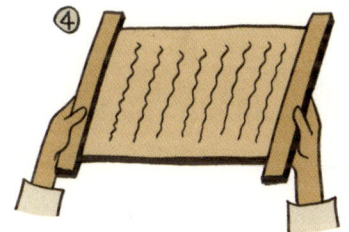

4. 목판의 양 끝에 각목을 달아 마무리한다.

**팔만대장경 제작 과정**

해인사 장경판전

팔만대장경에는 고려 사람들의 정성이 가득 담겨 있어. 고려 사람들은 팔만대장경의 글자를 하나 새길 때마다 절을 했다고 해. 8만 개가 넘는 경판에 새겨진 글자가 5200만 자가 넘는다고 하니 보통 정성이 아니지. 나무로 만든 경판은 두께가 4cm인데 이걸 차곡차곡 쌓는다면 어떻게 될까? 약 3200m가 되니까 백두산보다 높을 거야.

팔만대장경은 해인사 장경판전에 보관되어 있어. 이곳은 나무로 만든 팔만대장경을 잘 보관하기 위해 과학적으로 설계되었다고 해. 바람이 잘 통하도록 만든 창이 나 있고, 바닥에는 숯, 횟가루, 소금, 모래를 깔아서 습기와 해충을 막고 있지.

1. 책에 들어갈 활자를 골라 판에 배열한다.

2. 활자를 늘어놓은 판에 먹물을 바른다.

3. 종이를 덮어 고르게 문지른다.

4. 활자가 찍힌 종이를 묶어 한 권의 책을 완성한다.

**금속 활자로 책을 만드는 과정**

목판 인쇄로 시작된 우리나라의 인쇄술은 이후 활자가 만들어지면서 더욱 발전하게 돼. 그동안은 목판에 글자를 새겨 책을 만들었는데, 이렇게 만든 목판으로는 한 가지 책밖에 만들 수가 없었어. 그리고 한 권의 책을 만들기 위한 목판의 부피가 너무 커서 보관하기가 쉽지 않았지. 또 나무는 쉽게 닳아서 오래 쓸 수 없었어.

활자는 이런 불편을 덜어 주었어. 글자를 따로 따로 만들어서 필요한 글자를 하나씩 엮어 한 권의 책을 만들 수 있었어. 특히 금속으로 만든 활자는 오래도록 쓸 수 있었지.

금속 활자로 만든 세계에서 가장 오래된 책이 《직지심체요절》이야. 1377년 고려 시대에 만들어졌어. 서양에서 금속 활자를 발명한 구텐베르크보다 78년이나 먼저 고려에서 금속 활자로 책을 만든 거지. 우리의 역사 기록에는 《직지

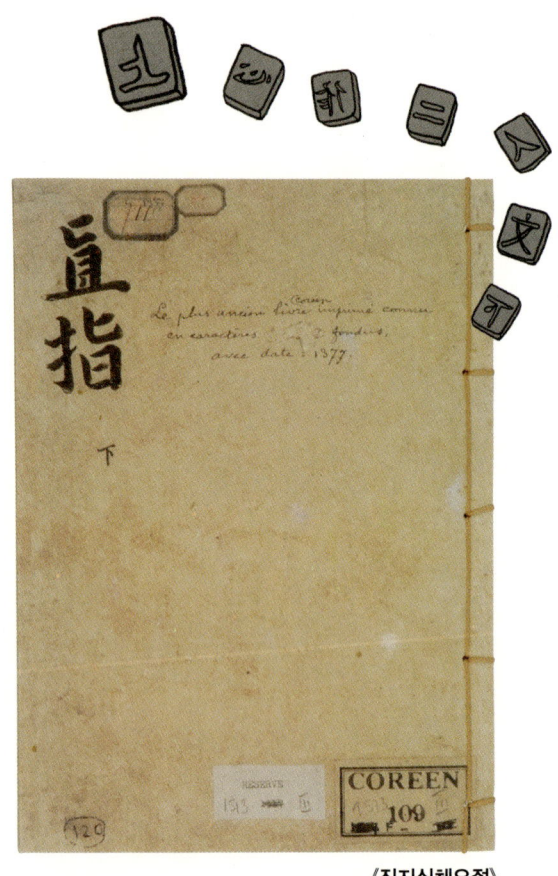

《직지심체요절》

심체요절》보다 먼저 금속 활자로 인쇄한 《상정고금예문》이라는 책이 있다고 하니 우리 금속 활자 인쇄의 역사는 더 오래전부터였을 거야. 우리의 인쇄술은 이후에도 계속 발전해 나갔어. 국가에 인쇄소를 두어 책 만들기에 노력하는가 하면 조선 후기에는 개인이 활자를 들고 다니며 책을 만들어 주기도 했지.

인쇄술의 발달은 그저 책을 잘 만드는 데 그치지 않고 세상에 많은 영향을 끼쳤어. 불교 경전이 만들어지면서 많은 사람들에게 불교를 전할 수 있게 되었지. 조선 시대에는 국가에서 인쇄소를 두고 백성들을 가르치는 책을 만들어 사회를 변화시키고 발전시켰어.

서양에서도 인쇄술의 발달은 큰 사회적 변화를 가져왔단다. 구텐베르크가 금속 활자를 만들자 서양에서도 인쇄물이 쏟아져 나오기 시작했어. 가장 대표적인 것이 성경이야. 성직자들에게서 성경의 내용을 듣기만 했던 사람들은 직접 성경책을 보면서 종교에 대해 다양한 생각을 가지게 되었지. 그 결과 종교 개혁이 일어나게 되었어. 또 인쇄술의 발달은 학문의 발달로 이어지게 되었단다.

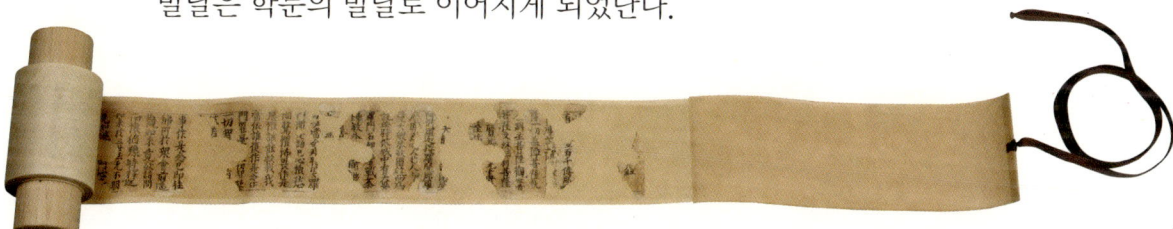

두루마리 휴지처럼 보이는 나로부터 어떤 역사가 이어졌는지 이제 잘 알겠지?

선사·고대관은 어떤 곳?

선사·고대관은 구석기 시대의 유물부터 통일 신라와 발해의 유물까지 각 실로 나누어 전시하고 있는 곳이다. 선사·고대관의 유물은 모두 옛사람들이 살았던 집터나 절터, 궁궐, 무덤 등에서 발굴한 유물들로, 오랜 시간 땅속에 묻혀 있거나 비바람 속에서 우뚝 서 남아 있던 것들이다. 조상들이 후대에 전하려고 일부러 남긴 것이라기보다 조상들의 삶의 흔적으로, 그 시대의 생활 모습과 상황을 엿볼 수 있다.

### 구석기실

구석기 시대는 지구 상에 사람이 살기 시작하면서부터 1만 년 전 즈음으로, 한반도에 사람이 살기 시작한 것은 약 70만 년 전이다. 구석기 시대는 인류가 불을 이용하기 시작하고, 돌을 깨뜨려 도구로 사용하던 시기이다. 이 시대 대표 유물은 뗀석기라고 할 수 있다.

주먹도끼        슴베찌르개

뗀석기는 인류의 진화에 따라 발달했다. 처음에는 크고 투박했지만 시간이 지나면서 크기가 작아지며 정교한 모습을 갖게 되었다. 한반도에서 발견된 뗀석기는 석영과 자갈돌이 대부분이며 주먹도끼, 찌르개, 찍개 등이 있다.

## 신석기실

빙하기가 지난 후 인류는 신석기 시대를 맞이한다. 신석기 시대에는 구석기 시대와 마찬가지로 돌 도구를 주로 사용했다. 하지만 돌을 갈아 만들어 구석기 시대의 도구보다 훨씬 정교해진다. 생활에도 많은 변화가 생긴다. 고기잡이와 사냥, 채집과 더불어 농사를 짓기 시작한다. 농경 생활을 하면서 신석기인들은 한곳에 머물러 살게 되고, 농사의 발달로 토기를 만들어 사용하면서 큰 사회적 변화를 겪는다.

**빗살무늬 토기**　　　　　　　**사냥 도구**

**청동기 · 고조선실**

석기 시대를 지나 금속 시대가 열린다. 기원전 15세기 무렵 우리나라에 청동기가 나타났다. 우리나라는 중국 동북 지방의 영향을 받아 청동기 시대를 열었지만 이후 우리 고유의 청동기 문화를 만들었다. 우리의 청동기 문화는 세형 동검으로 대표된다. 세형 동검은 검의 자루를 따로 만들어 검 몸에 끼우는 형식으로, 검의 몸과 자루가 하나로 이어진 중국의 비파형 동검과 다르다.

청동기 문화의 바탕 위에 우리나라 최초의 국가인 고조선이 세워졌다. 고조선은 중국의 한, 연, 진과 대등하게 겨루는 국가로 성장하여 이후 철기 문화를 꽃피웠다.

세형 동검   농경문 청동기

## 부여 · 삼한실

고조선이 멸망할 무렵부터 고구려, 백제, 신라의 삼국 시대가 열리기 전까지 한반도 각지에는 부여, 고구려, 옥저, 동예, 삼한(마한, 진한, 변한)이 있었다. 이 시대에는 철기 사용이 더욱 활발해져 철로 만든 무기와 농기구가 많이 쓰였다. 이에 따라 농업 생산성도 높아져 국가의 기반을 다지는 데 도움이 되었다. 하지만 부여와 고구려를 빼고는 고대 국가 형태를 갖추지 못했다. 옥저와 동예는 고구려의 영향 아래 있었고, 삼한은 이후 백제와 신라, 가야로 발전하였다.

항아리와 단지

칼과 칼집

## 고구려실

만주 벌판을 호령했던 고구려는 문화적으로도 힘찬 기운이 느껴지는 나라였다. 삼국을 통일하지는 못했지만 강력한 국력을 바탕으로 백제, 신라는 물론 일본에도 문화적으로 많은 영향을 주었다. 고구려의 문화는 이후 발해로 이어져 발전되었다.

글자가 새겨진 청동 그릇

## 백제실

한강 유역에서 시작된 백제는 이후 도읍지를 웅진(공주), 사비(부여)로 옮기며 다양한 문화를 꽃피웠다. 백제 문화의 특징은 한마디로 세련됨과 우아함이다. 백제는 중국, 일본과 활발하게 교류하였다. 일본이 아스카 문화를 여는 데 결정적인 역할을 하기도 했다.

백제의 유물은 무령왕릉이 발견되면서 더 풍부해졌다. 무령왕릉에서는 화려하고 섬세한 금 장신구 등이 발견되었다. 또 터널형 지붕에 벽돌로 쌓은 무덤 형식은 중국의 무덤 형식과 같아 당시 백제와 중국 사이에 문화 교류가 있었음을 알 수 있다.

무령왕릉에서 출토된 관 꾸미개

백제 왕실이 일본 왕에게 선물한 칠지도

## 가야실

가야는 고구려, 백제, 신라 등과 어깨를 나란히 했던 나라로 한때 낙동강 유역에서 크게 번성했다. 가야는 풍부한 철을 바탕으로 발전하기 시작하여 단순하면서도 세련된 문화를 꽃피웠다. 가야의 유물로 가장 눈에 띄는 것은 철제 무기와 말 장신구, 갑옷 등이다. 정교하게 만든 갑옷에서 풍부한 철을 바탕으로 발달한 가야의 금속 가공 기술을 엿볼 수 있다.

말 머리 가리개

고리자루칼

**신라실**

신라는 삼국 중 가장 늦게 불교를 받아들이고, 율령(법률)을 만들어 고대 국가 체제를 갖췄지만 꾸준히 국력을 키워 삼국 통일을 이뤘다.

신라는 황금의 나라로 불리는데, 금관을 비롯한 화려하고 정교한 금 장신구가 많기 때문이다. 또 신라 문화에서 눈여겨볼 것은 사람이나 동물, 물건의 모양을 본떠 만든 다양한 상형 토기이다. 상형 토기는 당시 신라 사람들의 생각을 고스란히 담고 있어서 흥미롭다.

금귀걸이      금목걸이      오리 모양 토기

**통일 신라실**

통일 신라의 문화는 삼국의 문화가 통합된 형태이다. 여기에 통일을 이루는 데 중심 사상이었던 불교 사상이 더해져서 불교문화가 더욱 발전하였다.

통일 신라 시대에 만들어진 인공 호수 안압지와 그 주변에서는 당시 사용하던 그릇과 숟가락, 가위 등의 생활용품과 금동 불상 등이 많이 발굴되어 당시의 생활상을 보여 주고 있다.

문고리                    짐승얼굴무늬 기와

## 발해실

발해는 고구려와 함께 우리 역사상 가장 넓은 영토를 차지했던 나라로 고구려 문화를 이어받아 역동적인 문화를 이루었다. 발해의 발전된 문화는 잘 짜인 도성 체제에서 찾아볼 수 있다. 발해의 도성인 상경성, 중경성, 동경성은 계획도시로 넓고 반듯한 길이 뚫렸고, 화려한 기와로 궁궐과 건물을 지었다. 발해의 생활 수준이 꽤 높았음을 알 수 있다.

짐승얼굴 기와                용머리

중·근세관

# 혼일강리역대국도지도

**?** 왜 우리나라를 실제보다 크게 그렸을까?

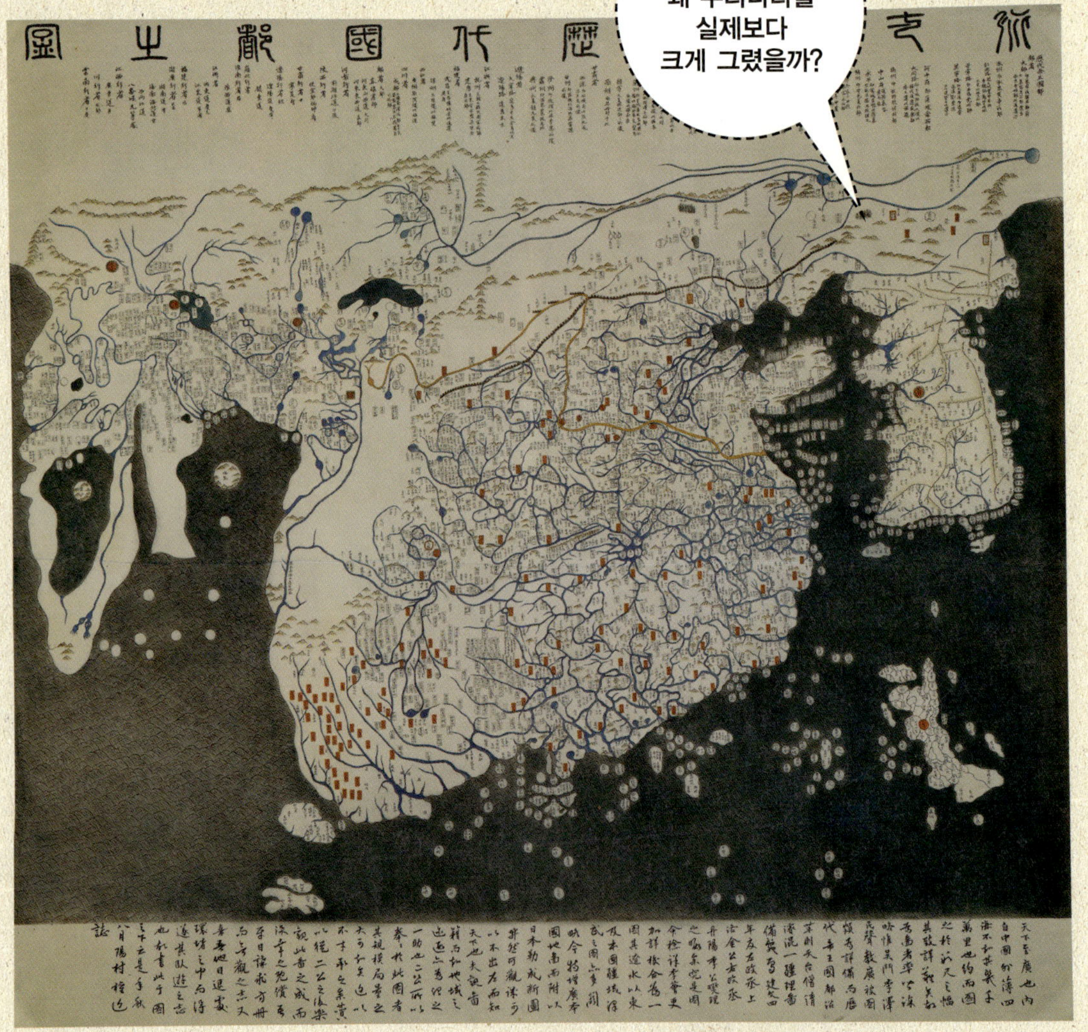

우리나라에서 가장 오래된 세계 지도로 1402년에 이회, 김사형, 이무가 만들었다.
유럽과 아프리카까지 표시한, 당시로서는 매우 뛰어난 세계 지도이다. 오늘날에는 베껴 그린 것이 전해지고 있다.

이 세계 지도는 좀 이상한데. 우리나라가 실제보다 훨씬 크게 그려져 있잖아! 옛사람들이 엉터리 지도를 만든 걸까? 아니면 이렇게 만든 까닭이 따로 있는 걸까? 우리나라 땅이 실제로도 이렇게 컸으면 좋겠다.

하하, 어쩜 옛사람들이나 너 생각이 그리 똑같을까? 나한테 한반도 지도가 이렇게 크게 그려진 것은 네가 생각한 것과 똑같은 이유 때문이란다. 옛사람들도 우리나라가 이렇게 컸으면 하는 생각을 했고, 중국과 함께 우리나라가 세상의 중심에 떡 버티고 있다고 생각하며 나를 만들었지.

나는 지도로는 엉터리인 면이 있지만 옛사람들의 생각까지 담고 있는 영리한 지도라고 할 수 있어. 그리고 나는 지도가 만들어진 시기가 정확하게 알려진 몇 안 되는 지도이기도 해. 내 소개를 하자면 난 1402년에 만들어진 세계 지도야. 당시의 세계 지리에 관한 자료와 중국과 일본에서 만들어진 지도를 참고해서 만들어졌어.

〈혼일강리역대국도지도〉. 이름도 거창하지? 이건 섞여서 하나가 된 세계의 영토에, 옛날에 있었던 여러 나라의 수도를 보여 주는 지도라는 뜻이야. 왼쪽으로 유럽과 아프리카, 아라비아가 표시되어 있고, 가운데 중국 지도에는 중국 역대 나라의 수도가 잘 나타나 있어. 오른쪽에는 일본이 있고 말이야. 부족한 면이 있기는 하지만 위치가 아주 틀리지는 않지? 그 옛날에 세계의 모양을 이렇게라도 알 수 있었다는 건 사람들의 세계에 대한 관심이 꽤 컸다는 뜻일 거야. 시간이 지나면서 우리나라에서는 더 많은 세계 지도가 만들어지고 소개되었어.

〈곤여만국전도〉 선교사 마테오 리치가 1602년에 만든 세계 지도

지도에는 많은 정보가 담겨 있어. 그래서 오래전부터 중요하게 여겼지. 지금은 전해지지 않지만 고구려에서도 지도를 만들었대. 북쪽 여러 부족의 침입이 잦았던 고구려는 지도를 만들어 적의 침입에 대비했다고 해. 적과 싸워 이기기 위해서는 땅의 모양을 꼭 알아야 했던 거지. 조선 시대에는 국가에서 나서서 지도를 만들었어. 임금이 지방을 다스리는 데도 지도가 꼭 필요했기 때문에 각 군현에서 그 지방의 지도를 만들어 바치도록 했지. 이때 만들어진 지도는 강 위에 배가 떠다니는 모습이 그려져 있는 등 한 폭의 풍경화처럼 보여. 이건 우리나라 지도의 특징이기도 해.

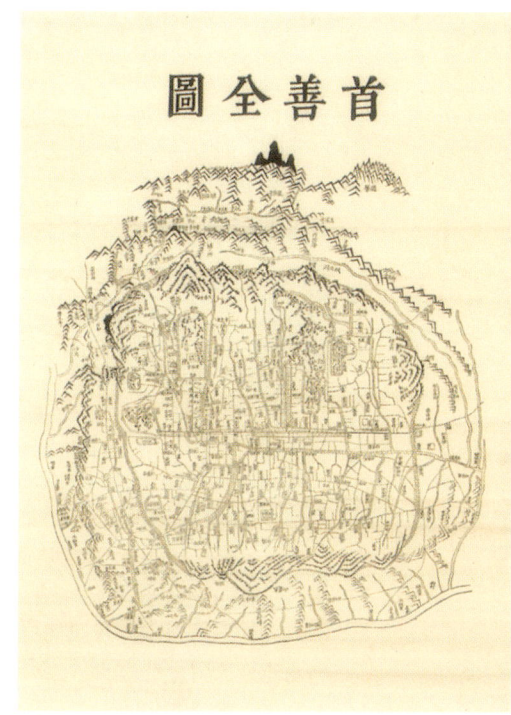 

〈수선전도〉 1824년 김정호가 만든 서울 지도　　〈전라도 무장현 지도〉 전라도 무장현을 정교하게 그린 지방 지도

　　우리나라 옛 지도 중 가장 먼저 생각나는 지도가 뭐니? 역시 〈대동여지도〉겠지? 〈대동여지도〉는 국가에서 만든 것이 아니라 김정호라는 한 사람이 만든 것이어서 더 대단하다는 생각이 들어. 혹시 펼쳐 놓은 〈대동여지도〉를 본 적이 있니? 〈대동여지도〉가 아주 유명하긴 하지만 전체를 본 적은 없다고? 〈대동여지도〉 전체를 실제로 본 사람은 흔치 않을 거야.

　　〈대동여지도〉는 16만 분의 1 축척으로 만들어졌기 때문에 실제 크기

〈대동여지도〉
22첩을 모두 펼쳐 놓은 모습

가 어마어마하게 크단다. 가로가 약 3.8m, 세로가 약 6.7m에 이를 정도야. 그러니 펼쳐 놓고 보는 일이 간단하지 않을 거야. 박물관에서 볼 수 있는 것은 분첩절첩식으로 만들어진 〈대동여지도〉의 일부분일 뿐이지. 분첩절첩식이란 병풍처럼 접고 펼 수 있는 형태를 말해. 〈대동여지도〉는 남북으로 22단으로 나누고, 나누어진 각 단은 병풍처럼 접어서 보관할 수가 있어. 22권의 책으로 묶여 있는 〈대동여지도〉를 모두 펼쳐 연결하면 우리나라 전도가 되는 거야.

**〈대동여지도〉 부분**

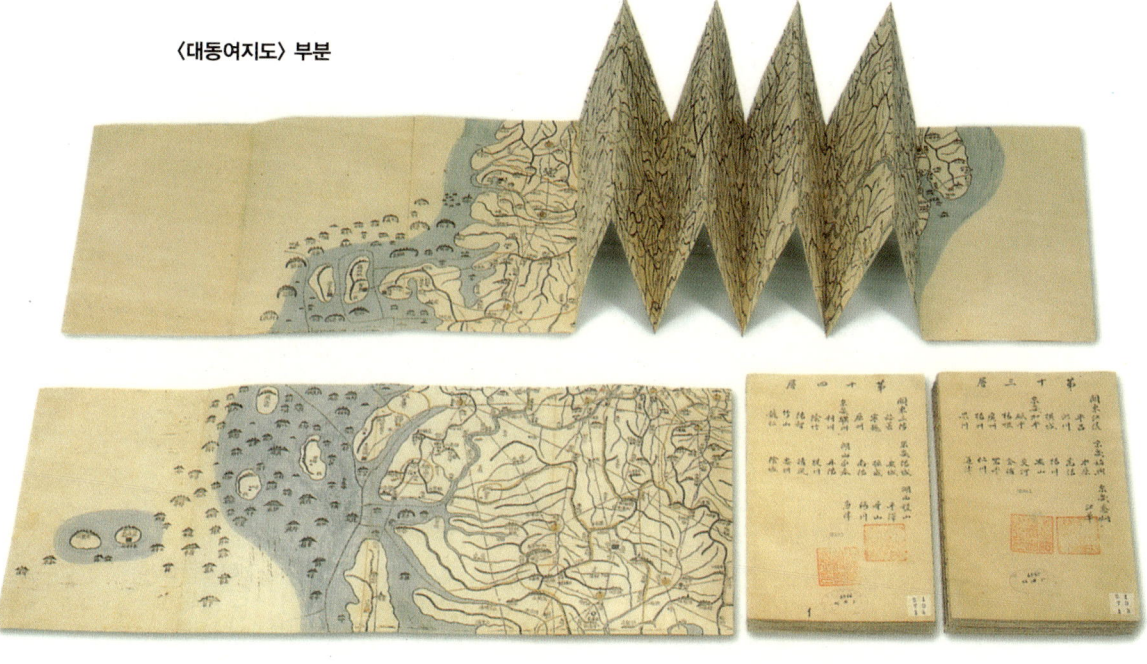

〈대동여지도〉에는 산과 강뿐 아니라 당시의 성곽, 관아, 창고, 왕릉, 도로 등이 자세히 그려져 있어. 또 10리마다 점을 찍어 표시를 했는데

사람이 걷기 쉬운 평탄한 길에는 멀리 찍고, 가파르고 오르기 힘든 산에는 가깝게 점을 찍어서 실제 걷는 사람이 어느 정도 걸어야 그 길을 갈 수 있는지 쉽게 알 수 있도록 했지.

〈대동여지도〉 목판

김정호는 대동여지도를 목판으로 만들었어. 지도는 국가뿐 아니라 먼 길을 가야 하는 백성이면 누구나 필요한 것이었기 때문에 목판으로 새겨 쉽게 지도를 만들 수 있게 한 거지. 김정호의 이런 노력 덕분에 귀하게 여겨졌던 지도를 많은 백성이 편리하게 사용할 수 있었어. 김정호는 목판으로 찍을 때 도로와 산을 구별하기 위해 도로는 직선으로 그려 넣는 세심함을 보이기도 했단다.

  이렇게 지도는 옛날부터 생활에 꼭 필요한 것이었어. 지도를 통해 조상들의 관심이 무엇이었는지 살피는 것도 흥미로울 거야.

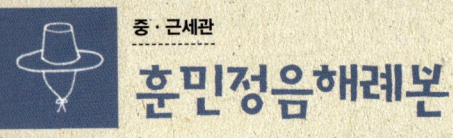

## 훈민정음해례본

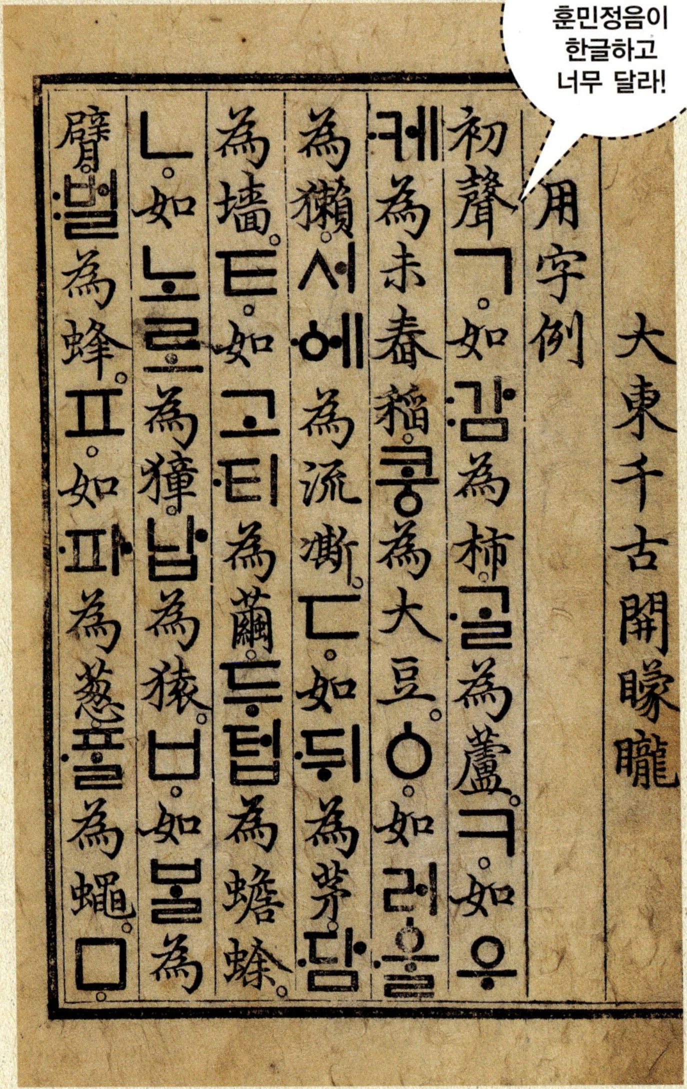

훈민정음이 한글하고 너무 달라!

세계 기록 유산이면서 국보 제70호로, 1446년 세종 대왕의 명령에 따라 집현전 학사들이 훈민정음 해설서로 만든 책이다. 《훈민정음해례본》에는 훈민정음을 만든 원리와 사용법이 적혀 있다.

《훈민정음해례본》이 뭐지? 아, 훈민정음을 설명해 주는 책이라고! 세종 대왕님은 참 친절도 하시지. 백성을 위해 훈민정음을 만드시고, 훈민정음에 대해 설명하는 책도 만들게 하셨네. 그런데 난 도무지 읽을 수가 없는걸. 한문은 그렇다 치고, 훈민정음이 한글과 너무 다른데?

훈민정음을 읽을 수가 없다니, 이거 허탈한걸. 난 온 백성들이 편히 사용하라고 우리글을 만든 건데 말이야. 하지만 네가 그렇게 느끼는 건 어쩌면 당연한 일일 거야. 지금은 훈민정음을 한글이라고 부르듯이 훈민정음은 불리는 이름에서부터 실제 사용하는 글자까지 시간이 지남에 따라 조금씩 변했으니까.

지금 네가 보는 책은 《훈민정음해례본》이라고 해. 훈민정음의 원리와 사용법을 써 놓은 책이란다. 내가 정인지와 집현전 학자들에게 이 책을 쓰게 했지. 세계적으로 문자를 사용하는 법을 책으로 써 놓은 경우는 없을 거야.

먼저 《훈민정음해례본》에 어떤 내용이 담겨 있는지 살펴볼까? 한글을 두고 과학적이고 독창적인 문자라고 칭찬하곤 하는데, 이 책을 보면 그 이유를 알 수 있단다. 훈민정음은 닿소리와 홀소리로 구성되어 있어. 닿소리는 한자로는 자음이고, 홀소리는 모음을 말하지. 홀소리는 혼자서도 제대로 된 소리를 낼 수 있지만 닿소리는 혼자서는 온전한 소리를 내지 못해. 홀소리를 만나야 비로소 음절을 이루게 되어 있어. 닿소리와 홀소리가 만날 때 우리가 말하는 온전한 소리가 난다는 뜻이란다.

그러면 이 두 소리는 어떻게 만들어진 걸까? 훈민정음의 닿소리는 사람의 발음 기관 모양을 본떠서 만들었어. 사람이 소리를 낼 때 혀가 어디에 닿고 어떤 모양이 되는지, 목구멍의 모양이나 입술 모양은 어떻게 되는지를 보고 만든 거야. 발음 기관의 모양에 따라 과학적으로 만들어진 거지. 훈민정음을 만들 때 학자들과 나는 당시 문자에 대해 많은 연구를 했어. 그리고 가장 이상적인 글자를 만들려고 노력했지.

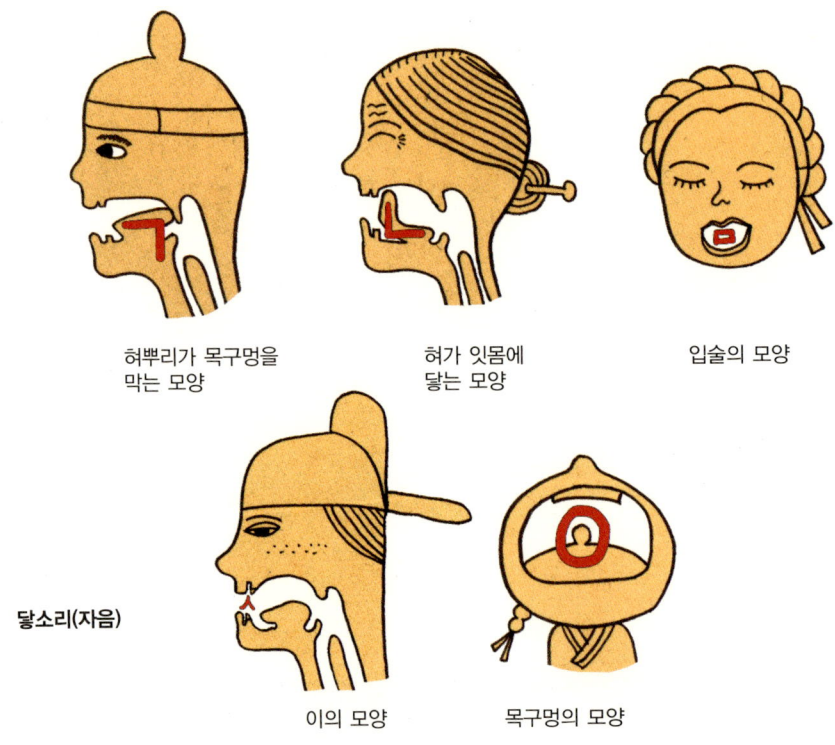

혀뿌리가 목구멍을 막는 모양

혀가 잇몸에 닿는 모양

입술의 모양

닿소리(자음)

이의 모양

목구멍의 모양

훈민정음이 과학적이고 우수한 문자라고 칭찬받는 것은 이런 노력 덕분일 거야.

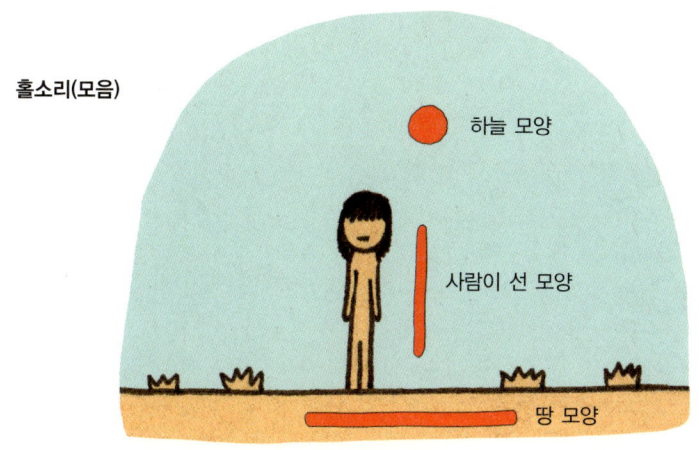

홀소리는 하늘, 땅, 사람을 상징하는 ·, ㅡ, ㅣ를 기본 글자로 하여 만들었어. 기본 홀소리가 서로 만나 ㅏ, ㅑ, ㅓ, ㅕ, ㅗ, ㅛ, ㅜ, ㅠ 같은 여러 가지 홀소리가 만들어졌지. 문자를 만드는 데 하늘과 사람, 땅을 기본 생각으로 담았다는 것이 독창적이라며 많은 사람들이 놀라워했단다. 문자에 철학을 담으려 했다는 것이 내가 생각해도 새로운 시도였다 싶어.

하지만 훈민정음이 만들어지기까지의 과정이 그리 간단하지는 않았단다. 당시 우리는 한자를 문자로 사용하고 있었지. 말은 우리말을 하면서 글은 중국의 것을 사용한 거야. 우리글이 없었으니 어쩔 수 없는 일이기도 했지만 조선의 학자들 중에는 중국의 높은 문화를 받아들였다며 만족하는 사람도 많았지. 그래서 훈민정음을 만드는 것에 반대하는 무리도 있었어. 훈민정음을 만드는 과정에서 난 상소를 하나 받았지. 상소를 올린 사람은 집현전 대표 학자인 최만리였어. 상소의 내용은 이랬단다.

**첫째**, 중국의 문화를 대대로 본받아 온 처지에 새로운 문자를 만드는 것은 중국에 부끄러운 일이다.

**둘째**, 한자와 다른 문자를 가진 민족은 몽고, 일본, 여진, 서번(티베트) 같은 오랑캐들뿐이니, 이것은 우리도 스스로 오랑캐가 되는 일이다.

**셋째**, 새로운 문자는 비속하고 쉬워 한자로 된 중국의 학문과 멀어져 결국 우리의 문화 수준을 떨어뜨릴 것이다.

**넷째**, 백성들이 송사(관아의 재판)에 어려움을 겪는 것은 한자를 쓰는 중국에서도 흔한 일이다. 송사에 어려움이 있는 것은 한자가 어려워서라기보다는 관리의 문제이니 새 문자를 만들어 해결할 일이 아니다.

**다섯째**, 새로운 문자를 만드는 것은 풍속을 바꾸는 일로 신중해야 한다. 몇 사람들이 모여서 추진할 일이 아니다.

**여섯째**, 인품과 학문을 닦아야 할 동궁(다음에 왕이 될 세자)이 인격 성장과는 아무 상관이 없는 새 문자 만들기에 주력하는 것은 옳지 않다.

상소를 받은 나는 솔직히 몹시 화가 났어. 나라에서 조선의 말을 담을 그릇인 조선의 문자를 만들겠다는데 이런 이유를 들어 반대하니 화가 날 수밖에 없었지. 나랏일을 맡은 사람들이 가장 중요하게 여겨야 하는 것이 무엇이겠니? 백성들이 편히 살 수 있게 하는 거 아니겠어? 내가 훈민정음을 만들려고 한 건 글을 몰라 불편을 겪던 백성들을 위해서였단다. 어려운 한자 대신 백성들이 익히기 쉬운 글자를 만들고

싶었던 거지. 이런 일에 다음 왕이 될 동궁이 힘쓰는 것은 당연한 일이지 않니? 나는 상소를 받았지만 훈민정음 만드는 일을 멈추지 않았어. 오히려 더 열심히 노력을 기울였지. 집현전 학자 중 정인지, 최항, 박팽년, 신숙주, 강희안, 이개, 성삼문, 이선로 등을 뽑아 정음청에서 훈민정음 연구를 하도록 했어.

　1443년에 드디어 28자의 훈민정음이 완성되었단다. 감격스러운 순간이었지. 하지만 새로운 글자를 바로 발표할 수는 없는 일. 3년 동안 훈민정음에 대한 검증 작업을 거쳤어. 훈민정음을 다듬고, 훈민정음으로 책을 만들어 본 거야. 그리고 나서 1446년에 온 백성들에게 훈민정음을 발표했어. 훈민정음은 중국과 다른 우리말을 표현할 수 있는 글이며, 쉬운 글이어서 누구든 쉽게 익히고 쓸 수 있도록 만들었다고 말했지. 훈민정음을 통해 이제까지 중국 문화에 사로잡혀 있던 조선 사회에 우리 문화의 주체성을 주장했고, 누구든 편리하게 사용할 수 있다는 실용성을 강조했어. 그리고 무엇보다 백성을 위하는 나의 마음을 담았어. 그래서 이름도 훈민정음이야. '백성을 가르치는 바른 소리'라는 뜻이지.

　그런데 훈민정음의 이름은 시간이 지나면서 변했어. 훈민정음에서 언문으로 바뀌더니 암클, 창살글자, 중글 등 여러 이름으로 불렸지. 그러다가 주시경이란 학자가 '한글'이란 이름을 붙이더구나. 한글의 '한'은 '크다'라는 뜻이니 훈민정음이란 이름 못지않게 좋은 이름이란 생각이 드는구나.

훈민정음은 이름만 변한 것이 아니란다. 처음 28자로 만들어진 훈민정음은 시간이 지나면서 몇 글자가 사라졌어. 가장 먼저 사라진 것은 'ㆆ'야. 다음으로는 'ㆁ, ㅿ, ㆍ'이 사라져서 24자가 남게 되었지. 《훈민정음해례본》에는 이런 글자들이 모두 나오기 때문에 오늘날의 한글과는 좀 다르게 보일 거야.

그런데 요즘에는 듣도 보도 못했던 말이나 글자가 많이 쓰인다고 들었어. 너희에게 지금 《훈민정음해례본》이 낯선 것 못지않게 요즘 글자들이 내게는 낯설단다. 시간이 지나면서 새로운 말이 생기고 글이 변화하는 것은 어쩔 수 없는 일이겠지. 하지만 내가 훈민정음을 만들었던 마음을 되새겨서 한글을 아름답게 지켜 주었으면 좋겠구나. 내 부탁하마.

중·근세관은 고려 1·2·3실, 조선 1·2·3·4·5실로 구분되어 있다. 이곳에는 시대의 흐름에 따라 당시의 생활상은 물론 정치, 문화, 대외 교류 등을 보여 주는 유물이 전시되어 있다. 중·근세관의 전시 유물을 보면 고려 시대와 조선 시대의 역사와 문화를 살필 수 있다.

### 고려 1실

고려는 후삼국으로 나뉘었던 한반도를 다시 통일하여 새로운 시대를 열었다. 이후 고려는 문벌 귀족 시대가 열리고 귀족들은 화려한 귀족 문화를 발전시켰다. 귀족 문화의 중심에는 고려 특유의 청자 문화가 있었다. 고려청자는 모양과 색깔이 정교하고 아름다워 주변 국가들의 부러움을 샀다.

### 고려 2실

문벌 귀족 사회였던 고려는 12세기 무신의 난에 의해 무신 정권 시대를 맞이하게 된다. 대외적으로는 주변 나라인 송, 거란, 여진과 교류를 하며 필요한 경우에는 단호한 군사적 대응을 펼쳐 고려의 이익을 지켜 냈다.

이후 몽골이 중국을 차지하고 원나라를 세워 고려를 공격해 왔다. 고려는 원나라를 물리치기 위해 백성들의 마음을 모아 팔만대장경을 만들었다.

고려인들의 정신세계 중심에는 항상 불교 사상이 있었다. 그 밖에 유교, 도교, 민간 신앙, 풍수지리 사상 등이 고려의 문화에 어우러져 남아 있다.

## 고려 3실

원나라의 간섭은 80여 년에 걸쳐 이루어졌다. 이 시기 고려에는 성리학과 화약 제조술, 목화 등이 전해져 문화와 과학 발전을 이루게 되지만, 해마다 원나라에 바쳐야 하는 공물과 공녀 때문에 고통은 매우 컸다.

14세기 중반 공민왕은 원나라의 쇠퇴를 틈타 반원 정책과 토지 개혁 등 고려의 개혁에 나선다. 하지만 지지 세력 부족으로 개혁은 실패로 돌아가고 만다. 당시 공민왕의 성리학 중시 정책은 정도전과 같은 신진 세력을 성장시켜 이후 조선을 세우는 기반이 된다.

**해동통보**
고려 시대의 동전

**고려 금속 활자**

**수령 옹주 묘지명**
고려 왕족 부인인 수령 옹주의 묘지. 딸을 원나라에 보낸 슬픔으로 세상을 떠났다.

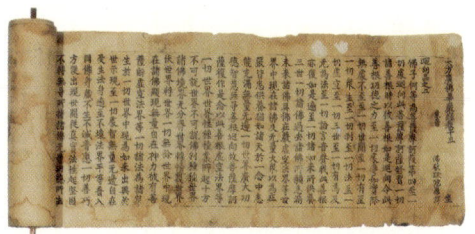

**거란의 침입을 막기 위해 만든 화엄경**

### 조선 1실

조선 1실은 조선의 건국과 제도 정비 시기의 문화재를 전시하고 있다. 1392년 세워진 조선은 고려와 달리 왕권을 중심으로 중앙 집권적인 관료 제도를 만들었고, 나라의 중심 사상을 성리학으로 하여 백성을 다스렸다.

이성계 호적

### 조선 2실

16세기 조선의 특징은 사림의 성장이다. 사림은 성리학을 공부한 선비들로, 이 시기 조선의 정치와 문화를 이끌었다. 사림은 성리학 연구에도 집중하여 이 시기에는 다양한 학파가 등장했다.

### 조선 3실

임진왜란과 병자호란을 겪은 조선에는 많은 변화가 일어나기 시작했다. 상업의 발달과 같은 사회·경제적 변화로 이후 세금 제도를 개혁하는 대동법이 실시되었고 상평통보의 발행으로 화폐 유통에도 변화가 일어났다.

상평통보 당일전

## 조선 4실

조선은 18세기와 19세기 전반에 다시 안정을 찾게 된다. 영조와 정조의 탕평책과 문화 부흥 정치는 사회 전체에 많은 영향을 미쳤다. 실생활에 도움이 되는 학문을 중시하는 실학파가 등장했고, 문화와 예술에도 사실적 경향이 나타나 실제 풍경을 그리는 진경산수화가 나타났다. 또 중인 계급의 활발한 문화 활동이 일어났다.

부처의 사리구를 싼 비단 보자기

〈대동여지도〉 목판

## 조선 5실

19세기 중반, 서양 세력은 조선에 개방을 요구한다. 조선은 서양 세력의 침략에 맞서 병인양요와 신미양요를 겪고, 이후 일본에 의해 나라의 문을 열게 된다.

1897년 조선은 대한제국으로 이름을 바꾸고 자주적이고 근대적인 국가로 서려는 노력을 한다. 하지만 일본에 나라를 빼앗기고 만다. 나라를 되찾기 위해 독립 운동이 끊임없이 일어나고, 근대화와 함께 철도와 전신 등 새로운 문물이 전해졌다.

## 서화관
# 단원풍속화첩

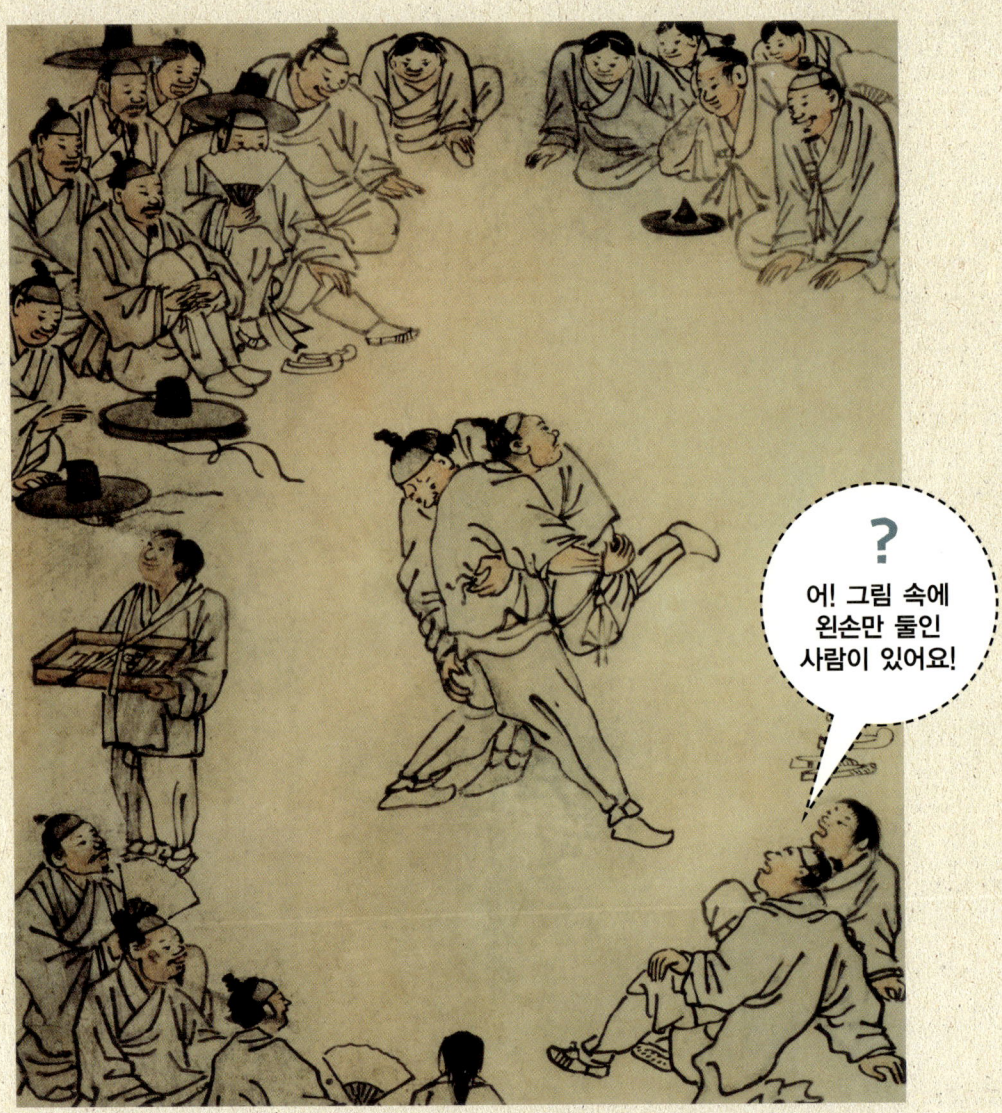

어! 그림 속에 왼손만 둘인 사람이 있어요!

보물 제527호. 조선 시대 백성들의 생활 모습과 일하는 모습을 그린 25점의 풍속화이다. 배경을 생략하고 인물 중심으로 그렸다. 위 그림은 단원풍속화첩 중 〈씨름〉이다.

풍속화를 보는 건 항상 재미있어. 옛사람들의 생활 모습이 고스란히 담긴 그림이니까. 게다가 사람들 표정을 보면 옛날이나 지금이나 별로 다른 점이 없는 거 같아서 신기하다니까. 어, 그런데 이건 뭐지? 그림 오른쪽 아래에 있는 사람 손이 좀 이상한걸. 아하! 둘 다 왼손이잖아. 김홍도처럼 유명한 화가가 왜 이렇게 엉터리로 그렸을까?

흐흐, 내 손의 비밀을 용케도 찾아냈구나. 언뜻 보아서는 찾기가 쉽지 않은데, 네가 풍속화를 꽤나 좋아하는 모양이다. 김홍도는 풍속화를 순식간에 쓱쓱 그렸다고 해. 그래서 실수로 나를 이렇게 그렸다는 말도 있고, 숨은 그림처럼 틀린 곳을 찾아 재미있게 보게 하려고 일부러 이렇게 그렸다는 말도 있어. 너는 뭐가 맞는 것 같니? 난 김홍도가 재미있게 풍속화를 그리는 작가인 만큼 더 재미있으라고 일부러 그런 것이 아닌가 싶어.

김홍도에 대해서는 알고 있니? 김홍도는 조선 시대 도화서의 화원이었어. 도화서는 나라에 필요한 그림을 그리던 기관이야. 도화서 화원들은 다른 관리들처럼 나라에서 주는 월급을 받았지. 김홍도는 초상화, 산수화, 기록화까지 못 그리는 그림이 없었어. 당시 임금인 정조도 김홍도에게 자신의 초상화를 그리게 했지. 하지만 김홍도의 그림 중 가장 뛰어난 걸 고르라면 역시 풍속화야.

김홍도의 풍속화는 보는 것처럼 배경 그림이 없어. 김홍도는 바탕을

과감하게 생략하고 주로 원 모양의 구성으로 사람들의 생활 모습을 그렸어. 풍속화에 등장하는 사람들은 각각 다양한 표정을 짓고 있어서 그림 속 사람들이 지금 무슨 생각을 하고 있는지, 뭘 보고 있는지 상상하게 하지.

단원풍속화첩 중 〈서당〉

단원풍속화첩 중 〈무동〉

그럼 풍속화는 언제부터 그린 걸까? 옛날부터 전해진 그림에서 찾아 본다면 풍속화를 처음 그리기 시작한 사람은 고구려 사람들이었을 거야. 고구려 고분 벽화에는 고구려 사람들의 생활 모습이 생생하게 드러나 있으니까.

단원풍속화첩 중 〈기와이기〉

신윤복, 〈전모 쓴 여인〉

조선 시대에는 윤두서라는 화가가 풍속화를 그리기 시작했어. 윤두서는 도화서의 화원은 아니었지만 그림을 아주 잘 그린 선비였어. 윤두서는 나물을 캐는 아낙네들의 모습을 그렸는데, 유교 국가였던 조선에서는 아주 새로운 시도였지. 윤두서는 실학 사상의 영향을 받아 자유롭게 그림을 그리며 풍속화도 그린 것 같아.

**정선, 〈인왕제색도〉** 비 온 뒤의 인왕산 모습을 그린 그림

윤두서에서 시작된 풍속화는 김홍도에 이르러 최고의 전성기를 누

렸어. 김홍도와 같은 시대에 살았던 신윤복은 조금 다른 느낌의 풍속화를 그렸고, 김홍도의 제자인 김득신도 스승에게 배운 솜씨를 발휘하여 풍속화를 그렸지.

**정선, 〈단발령망금강〉** 단발령에서 바라본 금강산의 모습

조선 시대에 그려진 그림에는 풍속화 외에도 여러 종류가 있어. 산수화, 인물화, 영모화, 문인화, 민화 등이지.

산수화는 처음에는 정형산수화라고 하여 그리는 사람이 경치를 상상하여 그리는 것이 유행하다가, 정선이 실제 경치를 보고 그리는 진경산수화를 그리기 시작했어.

산수화를 그리는 데는 몇 가지 방법이 있단다. 그 방법을 준법이라고 해. 준법에는 피마준, 미점준, 부벽준 등이 있는데, 산과 들, 나무, 바위 등을 그릴 때 생김새에 따라 적당한 준법을 골라 사용했지.

**피마준** 흙이 많은 토산을 표현할 때 쓴다. 같은 방향으로 선을 길게 긋는 준법이다.

**부벽준** 산과 바위의 단단하고 굳센 모습을 표현할 때 쓴다. 붓으로 힘차게 선을 긋는 준법이다.

**미점준** 안개 낀 대기나 부드러운 곡선의 산, 멀리 보이는 나무를 간단하게 그릴 때 사용한다. 점을 가로로 찍어 주는 준법이다.

**준법(산수화를 그리는 방법)**

인물화는 사람을 그린 그림이고, 영모화는 털이 있는 동물 그림을 말해. 조선 시대 화가 중에는 특정 동물을 잘 그리는 개성 있는 화가가 있었어. 바로 '남나비'라 불리던 남계우와 '변고양이'라 불리던 변상벽이야. 그들은 그림도 동물도 모두 사랑했던 모양이야.

남계우,〈꽃과 나비〉

**심사정이 그린 문인화, 〈강상야박도〉**
강가에 놓인 밤배를 그린 그림

문인화는 일반 선비들이 그린 그림을 말해. 조금 전에 도화서 화원에 대해 얘기했지? 도화서 화원이 직업 화가라면 문인화를 그린 사람들은 취미로 그림을 그린 사람들이야. 우리의 옛 그림을 보통 서화라고 하는데 이것은 글과 그림이 어우러져 있기 때문에 붙은 이름이란다. 글과 그림은 모두 붓으로 하는 거니까 서로 통하는 면이 있겠지. 하지만 어떤 선비들은 그림도 기술이라는 생각에 그림 솜씨를 뽐내려 하지 않았어. 기술을 천하게 여겼던 당시 사회 분위기 때문이었지.

마지막으로 민화는 특별히 그림 공부를 하지 않은 백성들이 그린 그림이야. 민화에는 특히 호랑이와 까치 그림이 많아. 그건 백성들의 소망이 호랑이와 까치에 담겨 있었기 때문이란다. 호랑이는 산신령을 대신하는 동물로 여겨졌어. 호랑이가 산신령처럼 악귀를 쫓아 주고 사람들을 도와준다고 하여 호랑이 그림을 집에 두고 싶어 했지. 또 까치는 좋은 소식을 전하는 새로 생각했어. 집안에 좋은 소식이 오길 바라는 마음으로 까치 그림을 그렸단다.

이렇게 그림 속에는 많은 이야기가 담겨 있어. 나의 뒤바뀐 손을 찾아낸 것처럼 그림 속 이야기를 더 찾아보렴. 아주 재미있을 거야.

작가 미상, 〈까치호랑이〉

**서화관**
# 채제공 초상

보물 제1477호. 조선 정조 때 도화서 화원인 이명기가 그렸다. 이명기는 초상화 전문 화가로 초상화에 있어서는 김홍도보다 뛰어났다고 한다. 조선의 초상화는 사실성을 중시하여 있는 그대로의 모습을 담았다.

이 그림은 초상화네. 옛날에는 사진기가 없었으니까 초상화를 그려야만 그 사람의 모습을 기록했겠구나. 그러니까 내가 지금 몇백 년 전 조선 시대 사람의 얼굴을 보고 있는 거지? 어, 그런데 이 초상화의 눈은 좀 이상한걸. 잘못 그린 걸까?

허허, 그렇지 않아. 화가는 내 모습을 있는 그대로 아주 잘 그렸단다. 네가 실제 내 모습을 본다면 어찌 이리도 똑같이 그렸을까 놀랐을 거야. 난 실제로도 눈이 이렇게 생겼으니까.

네가 사는 현대에는 실제 모습을 똑같이 담는 사진기라는 기계가 있다지? 사람들은 사진기로 여러 가지 사진을 찍어 컴퓨터라는 기계에 보관한다고 하더군. 그러면서 사진 속 사람들의 모습을 이렇게 저렇게

**명현화상 중 〈한익모 초상〉**　**명현화상 중 〈안익하 초상〉**　**명현화상 중 〈이장오 초상〉**
영·정조 때 활약한 인물들의 초상화를 모은 책, 《명현화상》에 실린 다양한 초상화

예쁘게 고친다고 하더구나. 하지만 조선 시대 사람들의 생각은 달랐단다. 사진이나 마찬가지인 초상화에서는 무엇보다 사실을 그대로 담는 것이 중요하다고 생각했어. 일부러 꾸며 거짓된 모습을 남기는 것을 좋아하지 않았지. 초상화에는 있는 그대로의 모습과 함께 그 사람의 정신까지 담아야 한다고 생각했거든. 이것을 '전신(傳神)'이라고 해. 전신이 담기지 않은 초상화는 진정한 초상화라고 할 수가 없었어.

조선 시대에는 초상화를 중요하게 여겼어. 통일 신라 시대나 고려 시대에도 초상화를 그리긴 했지만 조선 시대만큼 많이 그리지는 않았단다. 조선 시대에 초상화를 중요하게 생각한 건 유교의 영향이라고 할 수 있어. 유교에서는 부모에 대한 효심을 중요하게 여겼기 때문에 돌아가신 조상들에 대한 제사도 중요시했어. 그래서 조상의 신주를 모시는 사당을 두는 집이 많았지. 사당에 조상의 위패와 영정을 두고 제사를 지냈어. 위패는 돌아가신 분이 어떤 인물이었는지 설명하는 글이고, 영정은 돌아가신 분의 모습을 그려 놓은 그림이야. 영정이 바로 초상화였던

**조선 시대의 사당과 영정**

왕의 어진을 그리는 모습

거지. 그러니 왕은 물론이고 웬만한 양반은 초상화를 그려 두었단다.

초상화를 그리는 건 매우 까다로웠어. 조금 전에 말했듯이 인물의 정신을 그림에 담아야 했으니 그냥 그림만 잘 그려서는 안 되겠지? 특히 왕의 초상화를 그리는 건 보통 일이 아니었단다. 왕의 초상화는 '어진'이라고 부르는데 어진을 그리는 것은 국가의 중요한 행사였어. 그래서 어진에 대한 일을 맡을 국가 기관이 만들어지고, 어진을 그릴 화원을 따로 뽑았지. 화원을 뽑을 때는 초상화의 밑그림이라고 할 수 있는 초본을 그리게 하여 이를 보고 뽑거나, 대신들이 화원을 추천하고 논의하여 뽑았어.

뽑힌 화원은 어진을 그리기 위해 왕을 만나게 돼. 보통 신하들은 왕의 얼굴을 마주 볼 수 없었어. 왕 앞에서는 몸을 낮게 숙이고 있었으니까. 하지만 화원이 어진을 그리려면 왕의 얼굴을 보아야겠지? 그래서 왕의 어진을 그릴 때만 화원이 엎드리지 않고 서거나 앉는 것을 허락했단다.

화원은 먼저 어진의 밑그림이 되는 초본을 그렸어. 조선의 초상화는 무엇보다 얼굴을 중요시했기 때문에 초본도 얼굴을 더 신경 써서 그렸지. 완성된 초본은 여러 신하들의 심사와 왕의 의견에 따라 수정이 되어 확정이 됐어. 초본이 완성되면 비단에 초본을 옮겨 그린 뒤 채색을 해서 정본을 완성했어. 왕은 언제든 자신의 초상화가 그려지는 과정을 살필 수 있었어. 어떤 왕은 어진을 살피며 자신의 얼굴에 대한 물음에도 하나하나 답을 해 줬지. 잠시 얼굴에 난 상처는 본래 있던 것이 아니니 그리지 않아도 된다는 식으로 말이야. 이렇게 왕의 어진을 그리는 데는 모두 4명에서 16명의 화원이 참여했어. 어진이 완성되고 나면 왕은 수고했다며 상을 내렸지. 화원으로서 어진을 그렸다는 건 조선 최고의 화가라는 걸 의미하는 영광스런 일이었단다.

〈채제공 초상〉 초본 초상화 초본은 얼굴을 중심으로 그리고 초본이 완성된 후 색을 칠해 완성한다.

〈채제공 초상〉 초본 뒷면 뒷면에 색을 칠해 앞면에 비쳐 보이게 하고, 앞면에 색을 더해 얼굴의 굴곡을 살려 완성한다.

내가 초상화를 그리게 된 건 임금님이 내린 상 때문이었어. 임금님은 나라에 공을 세운 관리들에게 상으로 초상화를 그려 주었거든. 초상화 그리는 데 드는 비용을 나라에서 내주는 거야. 내가 들고 있는 부채도 임금님이 내린 선물이니 난 은혜를 많이 받은 셈이지.

참, 이렇게 얼굴을 맞대고 있으면서도 내가 누군지 말을 하지 않았

115

구나. 난 조선의 채제공이라고 한단다. 영조 때부터 관리로 일했고, 당시 세손이었던 정조의 교육에도 참여를 했지. 그리고 정조 때는 수원 화성을 짓는 데도 참여했어. 그 때문인지 정조 임금님은 일흔이 넘은 나의 초상화를 그리게 했지.

〈영조 어진〉　　　　　　　　〈이재 초상〉

네가 보고 있는 다른 초상화 속 인물도 소개를 하마. 유학자의 옷을 입은 이분은 이재라고 한단다. 성리학의 대가로 이조 참판과 대제학

벼슬을 지냈지. 얼굴에서 유학자의 꼿꼿한 성품이 느껴지지 않니? 이것이 바로 조선 초상화의 특징이라고 할 수 있지.

그리고 그 옆에 있는 그림은 영조 임금님의 어진이란다. 옛 임금님의 모습을 초상화로 만나니 소감이 어떠니?

초상화에는 자기가 직접 자기 모습을 그린 자화상도 있어. 대표적인 자화상으로는 윤두서의 자화상을 들 수 있지. 윤두서의 자화상은 시간이 지나 몸통은 보이지 않고 얼굴만 남아 있지만 본래 초상화가 얼굴을 중심으로 그렸으니 초상화를 보는 데는 아무 문제가 없을 거야.

윤두서의 자화상은 부리부리한 눈에 바람에 날리기라도 하는 듯한 수염 한 올까지 잘 표현되어 있지. 윤두서는 워낙 그림을 잘 그리던 사람이라 자화상도 꽤나 잘 그렸더구나. 서양에서는 렘브란트라는 화가가 초상화를 잘 그리기로 유명하다는데 우리의 초상화도 그 못지않으니, 초상화의 매력에 한껏 빠져 보렴.

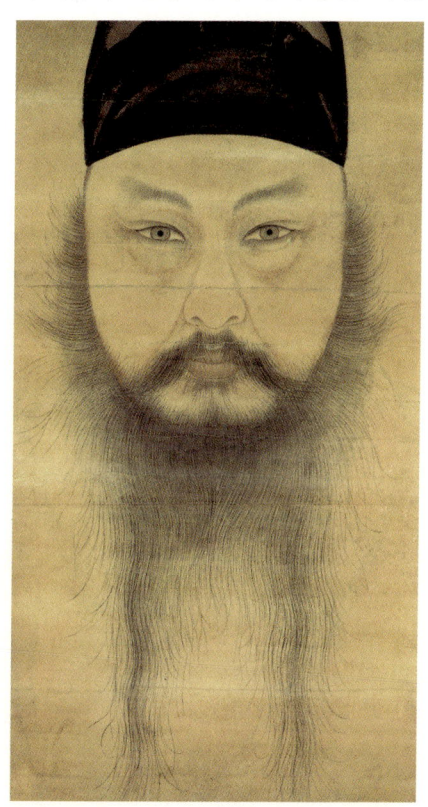

윤두서, 〈윤두서 자화상〉

서화관은 서예실, 회화실, 불교 회화실, 사랑방으로 이루어져 있다. 서화관의 유물을 통해 조상들의 눈부신 글과 그림을 감상할 수 있다.

### 서예실

우리 조상들은 글씨가 정신과 인격을 보여 준다고 믿었다. 그래서 서예에 관심이 많았으며 서예를 통해 학문을 닦고 인격을 길렀다.

서예에는 한문 서예와 한글 서예가 있다. 한문 서예는 중국 한자 문화의 영향을 받아 발전하였고, 한글 서예는 훈민정음 창제와 더불어 생활 속에서 발전하였다. 서예실에서는 종이에 쓰인 글씨 외에도 비석에 새긴 글씨를 통해 다양한 서예를 감상할 수 있다.

광개토 대왕릉비 탁본

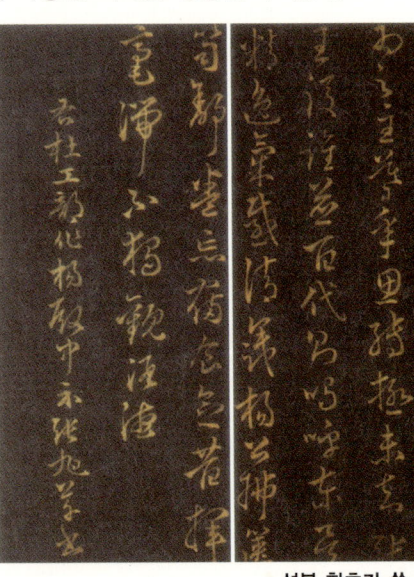

석봉 한호가 쓴 두보 시

**회화실**

그림의 기원은 선사 시대 동굴 벽화나 바위 그림에서 찾을 수 있다. 하지만 본격적으로 그림이 발전하기 시작한 것은 삼국 시대라고 할 수 있다. 고려 시대에는 국가에 도화서를 두어 전문적인 화가들이 활동하기 시작했고, 조선 시대에는 전문 화가와 문인 화가들에서 일반 백성까지 그림을 그렸다.

〈까치호랑이〉

단원풍속화첩 중 〈고누놀이〉

전통 회화에는 산수화, 사군자화, 화조·동물화, 인물화, 풍속화, 궁중 기록화, 민화 등이 있다. 그리는 대상과 그림의 쓰임에 따라 종류가 나누어졌다.

**불교 회화실**

불교 회화는 경전 내용을 설명하거나 법당을 꾸밀 목적으로 그려졌다. 그래서 불교 회화에는 교리를 가르치는 부처의 모습이나 부처의 말씀을 지키는 여러 신들, 부처의 제자인 나한, 존경받은 승려까지 다양하게 나타난다.

불교 회화는 어떤 재료로 그렸는지에 따라 구분하기도 한다. 먹으로 그린 것은 묵서경, 금으로 그리면 금자경, 은으로 그리면 은자경이라고 한다. 재료를 통해서도 불화의 다양함과 화려함을 알 수 있다.

〈영취산에서 설법하는 석가모니불〉

**사랑방**

사랑방은 조선 시대 사대부 남자들의 생활 공간이다. 이곳에서 선비들은 글을 읽고, 글을 쓰고, 그림을 그렸다. 그리고 손님을 맞는 장소이기도 했다. 유교 사상을 중시했던 조선의 선비는 사랑방도 청빈한 정신에 맞게 간결하게 꾸몄다. 사랑방에 있는 책상이나 책꽂이 등에서 조선 선비의 청빈하고 고상한 성품이 그대로 드러난다.

**사랑방 풍경**

### 조각·공예관
# 비로자나불

불상의 손 모양은 왜 다 비슷할까?

9세기 통일 신라 시대 불상으로, 화강암으로 조각되었다. 통일 신라 시대의 불상은 중국의 영향이 약해지면서 통일 신라만의 독특한 특징을 보이며 다양하게 만들어졌다. 통일 신라 시대를 불상의 전성기라고 한다.

큰 것과 작은 것, 돌로 만든 것과 나무로 만든 것. 불상은 참 종류가 많구나. 그런데 불상들의 손 모양은 비슷비슷한걸. 손가락을 잡고 있거나, 한 손으로 얼굴을 짚고 있거나, 한 손은 올리고 다른 손은 펼쳐서 내리고 있네. 불상의 손 모양은 왜 다 비슷한 거지?

참 똑똑한 아이로구나. 불상의 중요한 특징을 발견한 걸 보니. 불상의 손 모양을 수인(手印)이라고 해. 그 얘기부터 시작해 볼까? 불상은 손으로 너에게 무언가를 이야기하고 있는 거란다.

여러 불상을 보면서 느꼈겠지만 불상에는 너희가 알고 있는 석가모니 부처님만 있는 것이 아니란다. 불교에서는 미래와 과거에도 부처가 있고, 인간 세상 밖에도 부처가 있다고 이야기하지. 그래서 석가모니 외에도 여러 부처가 등장해. 그리고 동물과 사람이 깨달음을 얻도록 돕는 보살도 있단다. 정확히 말해서 우리가 말하는 불상에는 부처상과 보살상이 있는 거지.

나는 비로자나불이라고 해. 큰 광명을 비쳐서 사람들을 이끄는 부처란다. 나의 손 모양은 지권인이라고 해. 손가락 하나를 펴서 다른 손으로 감싸 쥔 모양이지. 각각의 손가락은 중생(불교에서 말하는 살아 있는 모든 생물)과 부처를 의미해. 중생과 부처, 어리석음과 깨달음이 하나라는 뜻으로 두 손을 연결하고 있는 거야.

다음으로 가장 흔한 불상은 여래불이야. 여래는 깨달음을 얻은 부처를 이르는 말로, 보통 석가모니를 말해. 여래불의 수인은 항마촉지인이라고 해. 오른손은 무릎 아래를 향하고 왼손은 손바닥이 보이게 다리에 내려놓은 모습이지. 부처가 깨달음을 얻는 순간을 상징하는 손 모양이야. 아래로 향한 오른손이 악귀를 누르고 있으니 악귀를 막아 깨달음을 얻는다는 뜻이지.

여래불　　　　　약사불　　　　　아미타불

　약사불 또는 약사여래불은 사람들을 질병에서 벗어나게 하고, 재난을 없애 주는 부처란다. 그래서 보통 손에 약병을 들고 있어. 약병을 든 불상 앞에서 사람들은 자신의 병이 낫기를, 건강하기를 기원했지.
　마지막으로 아미타불은 인간의 죽음에 대한 공포를 덜어 주는 부처야. 아미타불은 불교에서 말하는 천국인 극락 세상으로 중생을 이끌기 때문이지. 아미타불은 가르침을 주는 상대에 따라 여러 가지 손 모양을 했단다.

　불상이 처음 만들어진 것은 멀리 로마에서부터 전해진 문화의 영향을 받아서란다. 로마의 문화가 인도와 파키스탄 지역에 전해지면서 이 지역에서는 간다라 문화라는 독특한 불교 문화가 형성되었어. 문화의 전파로 새로운 문화가 만들어진 거야.
　간다라 문화를 대표하는 것은 조각품이야. 그리스와 로마에서는 신전에 신의 모습을 조각해 두고 기도를 했는데 이런 로마 문화의 영향을 받은 거지. 불교가 시작된 인도에서는 처음에는 부처님의 형상을 함부로 만들 수 없다고 했어. 그래서 부처님의 유골을 둔 탑에 기도를 했지. 500년 뒤 간다라 문화가 열리면서부터 불상을 만들기 시작한 거야. 이때 만들어진 불상은 오늘날의 불상과는 많이 달랐어. 부처님의 코는 서양 사람처럼 오똑하고 눈이 깊었지. 로마인의 조각법이 그대로 전해져 부처님의 모습이 로마인을 닮아 있었던 거란다.

**간다라 양식으로 만들어진 불상**

이후 불상은 조금씩 변해서 오늘날의 고졸한 미소를 짓는 모습이 되었어. 고졸한 미소라니 어떤 미소인 줄 모르겠다고? 부처님의 얼굴처럼 입술이 살짝 올라가며 은은하게 짓는 미소를 고졸한 미소라고 한단다. 우리나라의 불상은 중국, 일본의 불상과는 달리 특히나 부드러운 미소를 짓고 있지.

금동 미륵보살 반가사유상,
국보 제78호

금동 미륵보살 반가사유상,
국보 제83호

우리나라 불상의 멋진 미소를 다시 한 번 볼까? 미소라고 하면 반가사유상을 빼놓을 수가 없지. 반가사유상은 오른쪽 다리를 왼쪽 다리에 포개 얹고 앉아, 오른손을 뺨에 대고 생각에 잠긴 모습의 불상을 말해. 우리나라에는 꼭 닮은 반가사유상이 2개 있어. 눈에 띄는 다른 점이라면 머리에 쓴 관과 입은 옷이 다르다는 정도지.

우리의 반가사유상은 세계적으로 아름다운 불상으로 유명해. 은은한 미소뿐 아니라 균형 잡힌 몸체는 조각 작품으로도 뛰어나지. 앞에서 보나 옆에서 보나 어느 쪽에서 보아도 어색함 없이 균형이 잡혀 있어. 게다가 흘러내리는 옷자락은 금속이란 느낌이 들지 않을 정도야.

우리나라 불상은 돌로도 많이 만들었는데 유난히 딱딱한 화강암으로 만든 것이 많아. 그래도 얼굴엔 부드러운 미소를 만들고, 흐르는 옷자락도 만들었지. 화강암은 정을 대고 두드려야 조각을 할 수 있을 정도로 딱딱해서 조금이라도 실수를 하면 고치기가 쉽지 않아. 그런데도 척척 불상을 만든 걸 보면 불상을 만드는 정성은 물론, 기술도 대단했다는 걸 알 수 있단다.

조각·공예관
# 청자 참외 모양 병

? 왜 고려는 청자, 조선은 백자가 유명할까?

국보 제94호로 고려청자의 아름다움을 담고 있는 참외 모양 청자 병이다.
주름치마 모양의 굽에 참외처럼 생긴 몸통, 곡선의 긴 목 부분이 조화롭게 어우러져 있다.
전라남도 강진군 가마터에서 비슷한 청자 조각이 많이 발견되어 그 생산지를 짐작할 수 있다.

고려청자가 아름답다더니, 가만히 보니 색이 정말 신비롭구나. 그런데 왜 조선 시대 도자기에는 청자가 거의 없고 백자만 있을까? 뭐, 백자도 멋있긴 하지만 이렇게 멋진 청자를 계속 만들지 않은 건 좀 아쉬운걸?

호호, 나의 아름다움을 알아보는군. 그래, 나는 세계적으로 아름답기로 유명한 도자기지. 중국 사람들이 "세상에서 흉내 낼 수 없는 열 가지 중 하나가 고려청자다."라고 말할 정도였으니까. 하지만 네 말대로 나는 고려 시대에 주로 만들어졌고 조선 시대에 만들어진 것은 찾아보기 힘들단다. 그건 시대마다 문화가 달랐기 때문이야.

고려 시대 문화를 흔히 귀족 문화라고 해. 고려 시대에는 아름다우면서 화려한 것들이 많이 만들어졌지. 고려청자도 그중 하나야. 고려 시대에 도자기가 많이 만들어지게 된 것은 당시의 불교문화와 관련이 있어. 당시 유행하던 불교 사상에서는 마음을 갈고 닦는 것을 중요하게 여겼어. 사람들은 차를 마시며 조용히 정신 수양을 하곤 했지. 그러다 보니 찻잔을 비롯한 도자기가 많이 필요했어. 자연히 청자를 많이 만들게 되었지.

한편 조선은 유교 사상을 중심으로 세워진 나라야. 유교 사상으로 똘똘 뭉친 선비들은 화려한 것보다는 수수한 것을 좋아했어. 선비들은 화려한 겉모습을 쫓지 않고 청빈하게 살려고 했지. 유교 사상은 조선 문화 전체에 영향을 미쳤고, 도자기에도 영향을 주어 청자에 비해 소박하고 깨끗한 백자가 많이 만들어진 거야.

청자 상감 모란넝쿨 무늬 주전자, 국보 제116호

청자 연꽃넝쿨 무늬 매병, 국보 제97호

하지만 단지 유교 문화 때문에 청자를 만들지 않았다고 할 수는 없단다. 조선 시대에는 청자 만드는 기술이 고려 시대보다 못해서 만들지 못했던 면도 있어. 청자는 고려의 문화를 대표하며 중국에까지 이름을 떨쳤지만 고려 말 외적의 침입 때문에 나라가 혼란스러워지면서 청자 만드는 기술도 사라졌거든.

그럼 청자를 어떻게 만들게 되었는지 알려 줄까?

도자기는 도기와 자기를 합해서 부르는 말이야. 도기는 1100~1200도에서 구워 만든 그릇이고, 자기(사기)는 약 1300도가 넘는 높은 온도에서 구운 더 단단한 그릇을 말해. 우리가 말하는 도자기는 대부분 자기를 가리키지. 신석기 시대 토기를 만들던 것과는 비교할 수 없을 정도로 기술이 발전한 거야. 그릇을 굽는 온도가 점점 올라가 더 단단한 그릇을 만들게 되었으니까.

백자 모란넝쿨 무늬 항아리, 보물 제240호

백자 끈 무늬 병, 보물 제1060호

백자 복숭아 모양 연적

하지만 이런 기술을 누구나 가지고 있었던 건 아니란다. 유럽에서는 18세기에 이르러서야 도자기를 만들 수 있었기 때문에 동양에서 만들

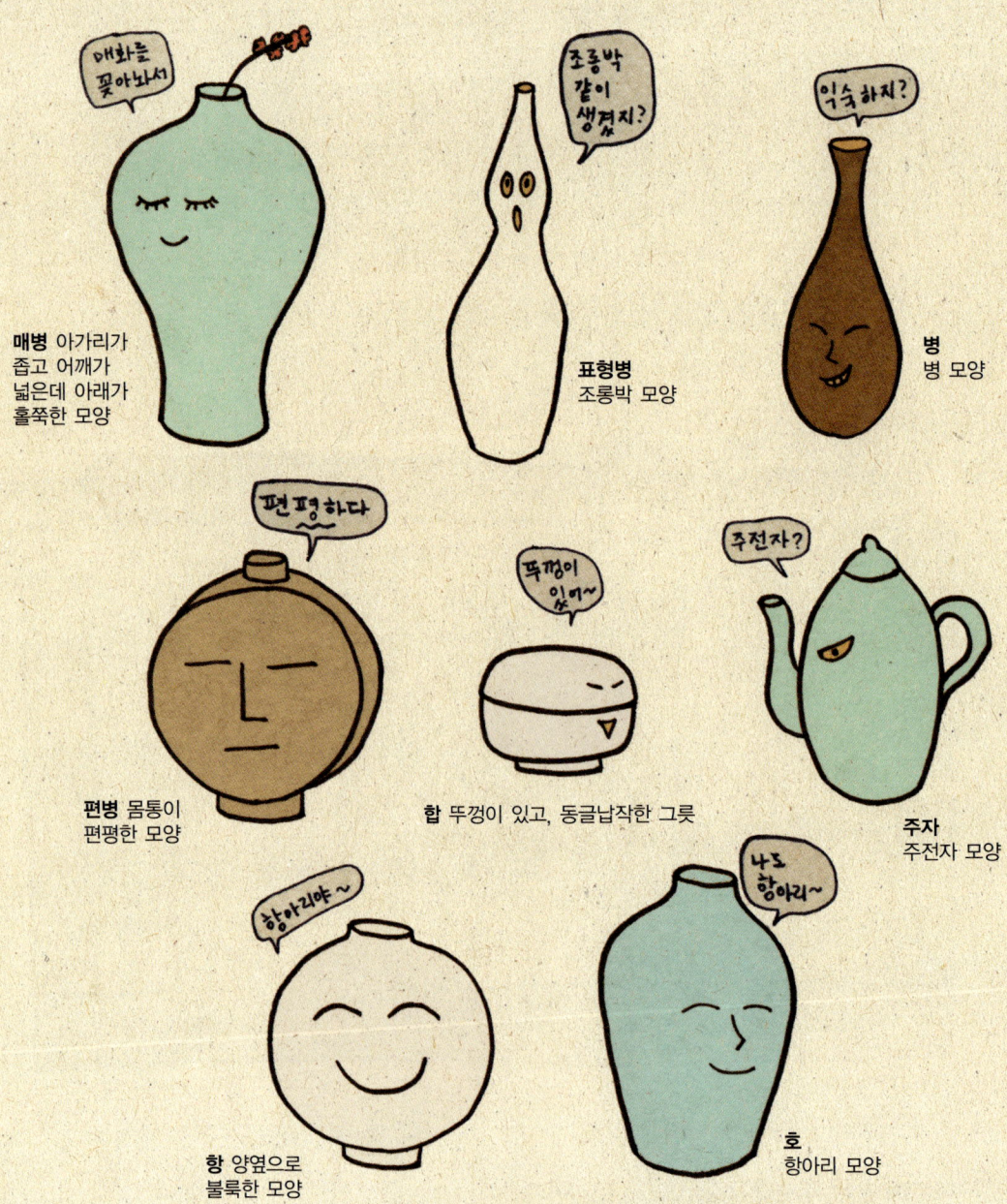

여러 가지 그릇 모양

어진 도자기는 아주 귀한 것이었지. 당시에는 금보다 도자기를 귀하게 여기기도 했어. 유럽 사람들은 도자기를 동양에서 온 백색의 금이라 부르며 서로 갖고 싶어 했단다.

고려는 청자를 처음 만들기 시작한 중국이 부러워할 정도로 청자를 잘 만들었어. 청자가 중국에서 처음 만들어진 것은 아주 우연한 사건 때문이었어. 자기를 구우려고 가마에 불을 피웠는데, 이때 우연히 나뭇재가 자기 위에 떨어져 푸른빛의 청자가 만들어진 거야. 재에 섞인 성분 때문에 푸른빛을 띠게 된 거지. 사람들은 그 후 잿물을 발라 도자기를 구웠어. 흙으로 빚은 그릇에 잿물을 발라 구우면 도자기는 더 단단하고 반질거리게 된단다.

청자 만드는 법이 전해진 뒤 고려의 장인들은 더 고운 빛의 청자를 만드는 데 성공했어. 그래서 고려청자의 색은 오묘한 푸른빛인 비취색을 띠게

되지. 게다가 고려의 장인들은 세계 최초로 상감 청자를 만들어 냈어. 상감 기법이란 무늬대로 홈을 판 후 그 홈에 다른 색의 물질을 채워 넣어서 무늬를 내는 것을 말해. 그때까지 금속 제품이나 나전칠기에 사용되던 상감 기법을 도자기에 응용한 거지.

상감 청자는 흙으로 빚은 그릇에 모양대로 홈을 파고 다른 색 흙으로 홈을 채워서 만들어. 이렇게 하여 구우면 채워 넣은 흙에 따라 검은색이나 흰색 등의 무늬가 나오지. 푸른빛의 고려청자가 더 멋을 내게 되는 거야.

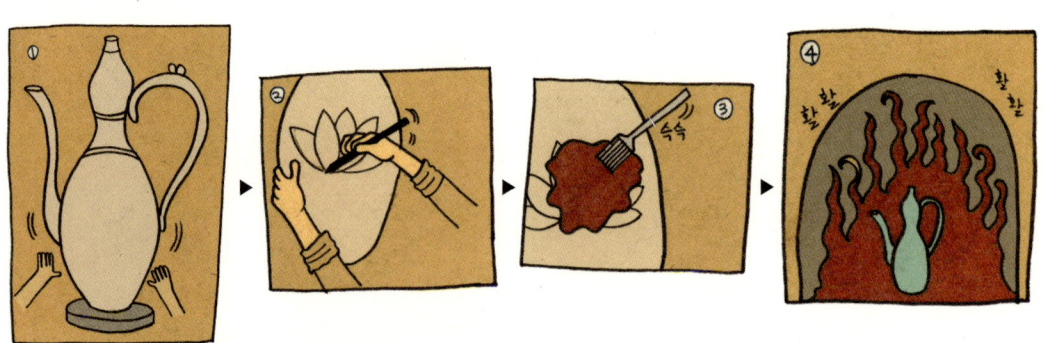

1. 그릇 모양을 만들어 적당히 말린다.
2. 뾰족한 도구로 무늬를 파낸다.
3. 파낸 무늬에 다른 색 흙을 채워 넣고 매끄럽게 다듬는다.
4. 잘 말려서 굽는다.

**상감 청자 만드는 과정**

이렇게 눈부시게 발전하던 고려청자는 고려 후기에 들어 점점 그 색을 잃게 돼. 그 뒤로 조선 시대가 되어 사람들은 분청사기를 만들기 시작한단다. 분청사기는 다른 나라에서는 찾아보기 힘든 우리나라 특유의 도자기라고 할 수 있어. 분청사기는 예전만 못한 도자기의 빛깔을 가리기라도 하려는 듯 도자기에 백토로 분을 발라 구웠어. 분을 칠했다는 의미로 분청사기라고 부르게 되었지. 분청사기는 쓱쓱 과감하게 붓질을 해서 시원스럽기도 하고 편안해 보여.

분청사기에 이어 만들어진 것이 백자야. 백자는 이름대로 흰색의 깨끗함을 강조한 도자기야. 주로 귀족들이 청자를 사용했던 것과는 달리 백자는 양반들뿐 아니라 일반 백성들까지 널리 사용했어.

백자는 고령토로 만들기 때문에 흰색이야. 바탕이 하얀 백자는 그 모습 그대로도 멋지지만 가끔은 백자에 갖가지 그림을 그려 넣어 꾸몄단다. 도자기에 많이 쓰이는 무늬는 매화, 대나무, 새, 연꽃, 포도 같은 것들이야. 백자에 그려 넣은 무늬는 좋은 의미를 담고 있어. 포도의 경우 탱글

분청사기 모란 물고기 무늬 장군

분청사기 모란 무늬 편병

탱글 먹음직스러워 복을 부른다고 했지. 또 주렁주렁 달려 자손이 번창한다는 의미도 있었어. 무늬는 여러 가지 재료로 그렸어. 백자에 산화철이나 산화동으로 그림을 그려 구우면 갈색이나 붉은빛으로 나타나 깊은 인상을 주었지.

백자 매화 대나무 무늬 항아리, 국보 제166호

백자 쌍학 무늬 항아리

백자 동화 대나무 무늬 항아리

어때? 도자기의 매력에 폭 빠져서 하나 갖고 싶지? 옛날 일본 사람들도 이런 마음이었나 봐. 임진왜란을 도자기 전쟁이라고 부르기도 하는데, 일본이 임진왜란을 통해 우리의 도자기 기술을 얻으려고 했기 때문이야. 일본은 임진왜란 동안 우리나라의 도자기 장인 약 3500명을 일본으로 데리고 갔어. 이들에게서 도자기 만드는 법을 배우려고 한 거지. 그 덕분에 일본의 도자기 기술이 발달해서 한때 유럽에서 일본 도자기가 인기를 끌기도 했어.

  예나 지금이나 도자기의 인기는 대단한 거 같아. 내 고운 빛을 더 많은 세계인이 알았으면 좋겠어. 난 정말 최고의 도자기니까.

**조각 · 공예관**

# 경천사 십층 석탑

국보 제86호인 경천사 십층 석탑은 원래 고려 전기에 세워진 것으로 보이는 경천사에 있던 석탑이다.
우리나라 석탑은 대부분 화강암인데 반해 경천사 십층 석탑은 대리석으로 만들어졌고, 석탑 양식도 특이하다.
조선 시대 석탑인 원각사지 십층 석탑에 영향을 주어 두 탑이 닮은꼴을 이루고 있다.

? 경천사 십층 석탑은 왜 하얀색일까?

와, 멋있다. 내가 본 탑 중에서 가장 멋진 거 같은데! 경천사 십층 석탑이라고? 어디 한번 세어 볼까? 하나, 둘, 셋, 넷……. 어, 이상하다 10층이 넘는 거 같은데 왜 십층 석탑이라는 거지?

난 분명히 십층 석탑이야. 다시 한 번 세어 보렴. 그러다 보면 석탑의 구조를 이해할 수 있을 거야. 그래도 잘 모르겠다고? 그럼, 내가 설명해 줄게. 석탑은 기단과 탑신으로 이루어져 있단다. 아마도 넌 기단부까지 탑의 층으로 센 거 같아. 난 모두 3개의 기단으로 이루어져 있어. 아래에서부터 3단까지는 모두 기단이니까 탑의 층으로 세어서는 안 돼.

기단 위에 기와지붕처럼 생긴 것이 있는 것만 탑의 층으로 세는 거야. 그렇게 세면 모두 10개, 10층이 맞지? 그리고 탑의 맨 꼭대기 부분은 상륜부라고 하는 탑의 장식 부분이야. 역시 탑의 층으로는 세지 않지.

조금 전에 내가 지금까지 본 탑 중에서 가장 멋있다고 했지? 고마워. 난 다른 탑들과는

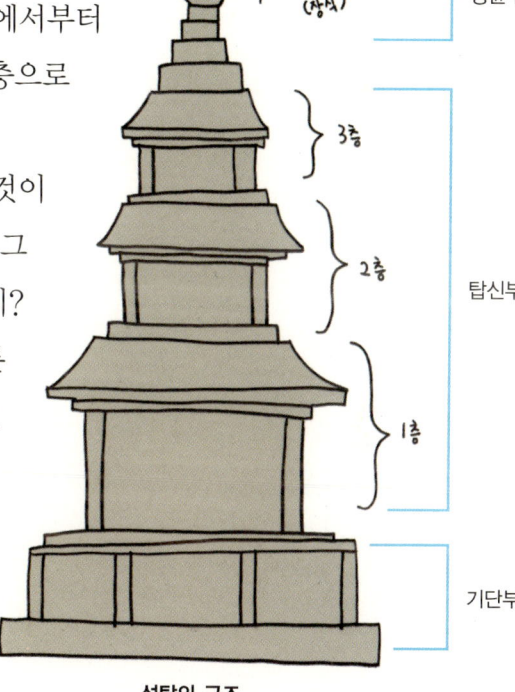

**석탑의 구조**

139

다른, 조금 특이한 면이 있긴 해. 우리나라 탑은 보통 홀수 층으로 이루어진 것이 많은데 난 짝수인 10층으로 되어 있거든. 게다가 우리나라 탑은 주로 화강암으로 만들어졌는데 난 대리석으로 만들어졌지. 처음에는 나무로 탑을 만들기도 했지만 나무로 만든 탑은 쉽게 썩고, 불이 나면 타 버리니까 돌로 많이 만들었어. 그중에서도 화강암은 우리나라에 흔한 돌이고 단단하여 탑의 재료로 많이 쓰였지. 우리나라는 '석탑의 나라' 라고 불릴 정도로 많은 석탑이 만들어졌단다.

부여 정림사지 오층 석탑, 국보 제9호

감은사지 삼층 석탑, 국보 제112호

난 대리석으로 만들어 색깔도 하얀 데다가 모양도 비교적 화려하여 그렇게 많은 석탑 중에서도 아름다운 탑으로 꼽혔지. 그래서 조선 세조는 나의 모양을 보고 탑을 하나 만들도록 했어. 나를 닮은 탑이 만들어진 거야. 바로 원각사지 십층 석탑이지. 한양에 있던 절인 원각사에 세워져서 원각사지 십층 석탑이라고 부른단다.

**원각사지 십층 석탑, 국보 제2호**          **경천사 십층 석탑**

이제 내가 어느 절에 있던 탑인지도 눈치챘겠구나. 그래, 난 경천사란 절에 있던 탑이야. 경천사는 경기도 개풍군(지금 북한의 개성)에 있던 절이지. 그런데 난 지금, 절이 아니라 박물관에 있어. 내가 여기까지 오게 된 데에는 눈물 없이 들을 수 없는 기구한 사연이 있단다.

때는 일제 강점기였어. 일본은 우리나라의 국권을 빼앗아 전 국토를 제 나라인 양 들쑤시고 다녔어. 아니, 제 나라였다면 그렇게 들쑤시지는 않았겠지. 나라 잃은 슬픔은 사람만 겪는 것이 아니더구나. 어느 날 일본 사람 하나가 내게 다가와 나를 유심히 살피더니 나를 해체해 일본으로 가지고 갔어. 고려 시대부터 우뚝 서 있던 내가 한순간에 분해되었고, 곧바로 바다 건너 일본으로 가게 된 거야.

나를 일본으로 가져간 사람은 일본 대신인 다나카 미스야키였어. 다나카 미스야키는 우리의 문화재를 제멋대로 가지려고 한 거야. 일본에서 나는 분해된 채 10여 년간 있었어. 그리고 몇몇 외국인의 도움으로 1918년에 돌아올 수 있었지.

한국으로 돌아온 후 난 경복궁에 자리를 잡았어. 오랫동안 분해된 채로 있었기 때문에 상한 곳이 많아서 곳곳에 시멘트를 바르고 겨우 다시 설 수 있었지. 그러다 박물관이 새롭게 문을 열면서 이곳에 자리를 잡게 된 거야. 이곳에 서서 사람들에게 멋있다는 칭찬도 듣고 참 좋아.

하지만 아직도 다른 나라 땅에 남아 있는 문화재들을 생각하면 가슴이 아프단다.

**일본 덴리대학교 중앙 도서관에 있는 〈몽유도원도〉**

다른 나라 사람들이 함부로 가지고 가서 돌려주지 않는 문화재가 헤아릴 수 없이 많다고 해. 일제 강점기에 일본인들은 경복궁에 작은 철로를 깔고 사람들을 태우고 다니며 궁궐의 건물을 팔기도 했어. 지금도 우리의 궁궐에 있던 건물들이 일본의 호텔 한 귀퉁이에 있기도 하고, 우리나라 탑이 어느 일본인 정원에 놓여 있기도 하단다. 나를 보고 잃어버린 우리 문화재에 대해 더 관심을 가져 주길 바라는 마음이야. 이대로 잊고 산다면 영영 되찾을 수 없을 거야. 그건 우리 문화의 일부를 잃게 되는 일이기도 하지.

조각·공예관은 금속 공예실, 도자 공예실, 불교 조각실로 구성되어 있다. 금속과 석조를 넘나드는 조각·공예 문화재를 감상할 수 있으며, 뛰어난 도자기의 멋을 느낄 수 있다.

**금속 공예실**

금속 공예의 역사는 깊다. 기원전 10세기 무렵부터 청동기가 전해지고, 기원전 3세기에 중국 철기 문화의 영향으로 금속을 이용한 다양한 물건이 만들어졌다. 금속은 단단하면서도 불에 녹이면 원하는 모양을 만들 수 있다는 특징 때문에 장신구와 무기를 만드는 데 많이 쓰였다. 고려 시대에 이르러서는 불교문화의 발달에 따라 금속으로 화려한 사리함과 종이 많이 만들어졌다. 잔, 거울 걸이, 촛대, 담배함 등의 생활 도구도 만들었다.

 천흥사 종   　　잔과 잔 받침

**도자 공예실(청자실, 분청사기실, 백자실)**

우리나라에서 자기가 만들어지기 시작한 것은 9세기 말에서 10세기 초로 여겨진다. 이후 도자 공예는 계속 발전하여 12세기에는 청자의 절정기를 맞게 된다. 고려청자는 푸른빛을 띠며, 반투명하면서 은은한 광택이 있어 아름답기로 유명했다.

청자 연꽃넝쿨 무늬 매병

**백자 동화
대나무 무늬 항아리**

**분청사기
모란 무늬 편병**

청자의 뒤를 이은 것은 분청사기였다. 분청사기는 고려 말부터 만들어지기 시작하여 조선 전기 150년간 많이 만들어졌다. 청자 같은 아름다움은 없지만 분청사기 나름의 생동감과 자유분방한 매력을 가지고 있다. 조선 시대를 대표하는 도자기는 백자다. 백자의 순수한 아름다움이 조선의 유교 사상과 어울려 오랫동안 사랑받았다. 백자는 양반뿐 아니라 백성들까지 널리 사용하였다.

## 불교 조각실

불교 조각은 삼국 시대에 이르러 본격적으로 시작되었다. 중국에서 전해진 불상은 시간이 지남에 따라 우리 고유의 불상으로 자리 잡아 갔다. 우리나라 불상은 단순하면서도 생동감이 넘치고, 표정도 중국이나 일본 불상에 비해 부드러운 편이다. 불상의 재료는 돌, 금동, 철 등으로 다양한데, 우리나라는 딱딱한 화강암으로 불상을 많이 만들었다.

여래불   약사불   아미타불

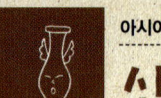

아시아관
# 신안 해저 문화재

?
신안선에서 발굴된 유물은 왜 온통 청자일까?

중국 무역선인 신안선에서 발굴된 청자이다. 신안선에는 많은 도자기가 있었는데 그중 60%가 청자였다.
당시 도자기 중 청자가 특히 유행했다는 것을 짐작할 수 있다.

이게 모두 신안선에서 나온 거로군. 와, 650여 년 동안 바닷속에 가라앉아 있던 거네. 그런데 청자가 정말 많다. 왜 이렇게 청자가 많은 거지? 청자를 배에 가득 싣고 어디로 가려고 했던 걸까?

아이고, 말도 마. 갑자기 배가 가라앉는데 정말 아찔했어. 내가 타고 있던 배는 정말 컸어. 배 길이가 28.4m에 너비는 6.6m나 되는 200톤급 배였지. 배가 크니 난 무사히 일본에 도착할 줄 알았어. 그런데 바닷속에 가라앉는 신세가 되었으니 650여 년 동안 참 답답한 노릇이었지. 중국에서 만들어질 때는 외국에 수출된다고 꿈에 부풀어 있었는데 말이야. 내 말이 너무 뒤죽박죽이라서 무슨 소린지 하나도 모르겠다고? 그래, 그럴 수 있겠다. 처음부터 다시 이야기를 들려줄게.

13세기 고려 시대였어. 당시 중국은 매우 혼란스러웠단다.

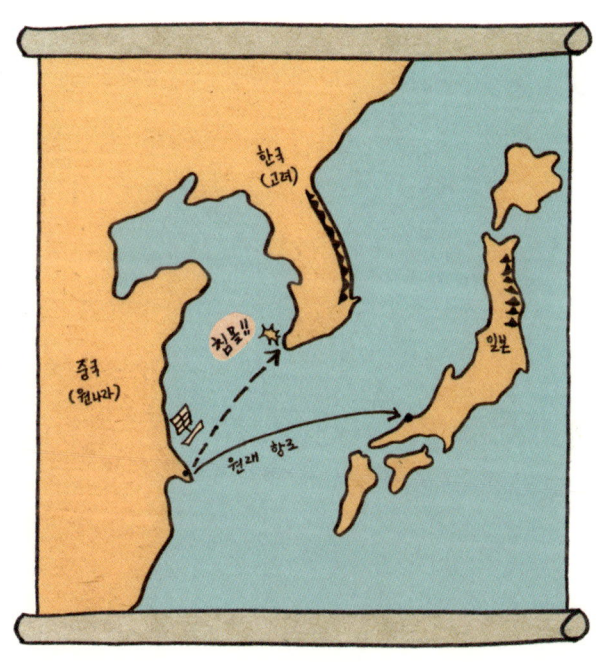

**신안선의 항로**

몽골 족과 송나라, 금나라가 다투는 상황이었지. 그러다 몽골 족이 원나라를 세우며 송나라는 저 남쪽으로 밀려나게 되었어. 이렇게 원나라가 세력을 키우다 보니 고려도 원나라의 간섭을 받게 되었지. 송나라와의 교류는 어려워졌어. 사실 이런 이유 때문에 고려의 인쇄술이 더 발달했다는 거 아니? 송나라에서 책을 들여올 수 없게 되자 고려는 인쇄술을 발달시켜 직접 책을 찍어 냈거든.

아무튼 이리하여 원나라 배가 중국을 떠나 일본에까지 무역을 나섰어. 배에는 청자가 가득 실려 있었지. 당시에는 청자가 유행이었거든. 나는 고려의 청자만은 못해도 인기가 많았어. 당시에는 청자를 만드는 곳이 중국과 고려 정도였기 때문에 다른 나라에서 청자를 구하려고 난리였단다. 청자는 일본과 아라비아로 많이 팔려 나갔어.

신안선을 채운 것은 60%가 청자였어. 나머지는 중국 동전과 자단목 등으로 전체 2만 점이 넘는 물건이 있었지.

우리는 1323년 중국 닝보에서 출발하여 일본에 도착하기로 되어 있었어. 그런데 그만 풍랑을 만나 가라앉게 되었어. 신안선은 당시로서는 최첨단의 배였어. 배의 외판을 보호하는 나무판을 덧대고, 배에 구멍이 나더라도 칸막이가 있어서 다른 칸으로는 물이 들어가지 않게 만

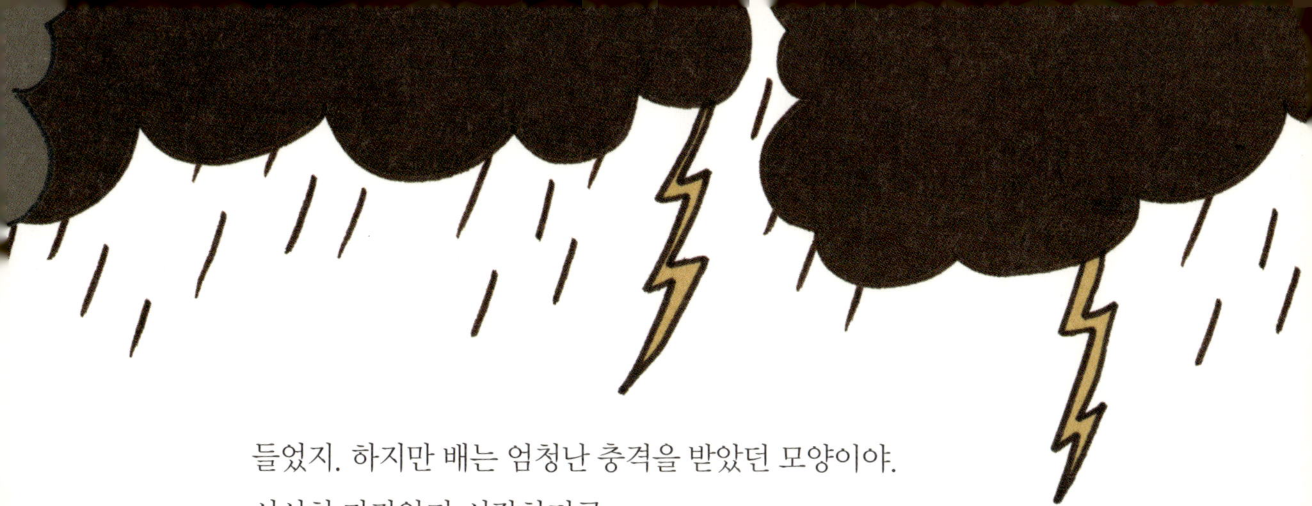

들었지. 하지만 배는 엄청난 충격을 받았던 모양이야. 서서히 가라앉기 시작하더군.

　배가 가라앉은 후 난 650여 년을 바닷속에서 보내야 했어. 그러던 어느 날이었어. 한 어부가 우리 쪽으로 그물을 던지는 거야. 운 좋게도 그물에는 청자 매병 등 6점의 도자기가 걸려 올라갔어. 어부는 도자기를 보고 깜짝 놀랐을 거야. 고기를 낚으려다 도자기를 낚았으니 얼마나 당황했겠어. 그런데 얼마 후 나를 비롯한 유물들에게 깜짝 놀랄 일이

일어났지. 고고학자들이 바닷속에 있는 우리를 발굴하러 온 거야. 학자들은 바다에 대해 잘 아는 해군들의 도움을 받아 우리들을 물 밖으로 건져 내기 시작했어. 1976년부터 1984년까지 9년에 걸쳐서 발굴 작업을 했지. 그 덕분에 바다에서 나온 유물은 모두 2만 점이 넘어. 그리고 부서진 배 조각을 모아 옛날 배 모양도 되살렸지.

바다에서 나온 도자기들은 소금기를 제거하는 일이 가장 급했어. 흐르는 수돗물이나 지하수에 2주에서 4주 정도 담가 두더군. 그러고 나니 한결 개운한 것이 예전 모습을 되찾은 거 같았지.

먼 옛날 일본 땅으로 가려던 내 운명은 이렇게 바뀌어 20세기에 한국에서 다시 빛을 보게 되었어. 옛날에도 이렇게 나라들 사이에 활발한 교류가 있었다는 걸 긴 세월을 기다려 알리게 되었으니 참 뿌듯하구나.

### 인도·동남아시아실

인도는 힌두교와 불교, 브라만교, 자이나교와 같은 여러 종교가 발달한 나라이면서 해안가를 중심으로 외국과의 교역이 활발한 나라였다. 여러 종교와 교역의 영향으로 다양한 문화가 발달하였고, 인도 문화재에서도 그 모습을 발견할 수 있다. 동남아시아는 인도와 중국의 영향 속에 자신의 전통적인 문화를 발전시켰다. 특히 캄보디아의 크메르 왕국과 인도네시아의 사일렌드라 왕국은 정치·경제적으로 크게 발전하여 뛰어난 문화재를 많이 남겼다.

### 중앙아시아실

중앙아시아는 아시아 대륙의 한가운데 있는 사막과 초원, 고원으로 이루어진 땅이다. 옛날에는 이곳을 서역이라 불렀다. 서역의 땅은 황폐했지만 중국, 한국을 비롯한 동양과 아라비아, 로마를 이어 주는 다리 역할을 했다. 실크 로드가 바로 중앙아시아의 무역로이다. 따라서 중앙아시아의 문화는 다양한 종교와 문화의 영향 속에 발달하였다.

**손잡이 달린 항아리**

**천부흉상**

### 중국실

중국은 황허 문명으로 문명 시대를 열고, 이후 다양한 문화를 발전시킨 나라이다. 인도에서 불교가 전해지면서 불교문화가 꽃을 피워 거대한 석굴과 불상, 사원이 많이 만들어졌다. 이후 7세기 당나라 때는 서역과의 활발한 교류로 서역 문화의 영향을 받아 세 가지 색으로 꾸미는 삼채가 발달했다. 10세기 송나라 때는 다시 전통 사상과 문화로 되돌아가 순수 회화와 도자기가 발달한다. 그리고 명나라와 청나라를 거치면서 청화 백자의 정절기를 이루는 등 다양한 도자기가 만들어지고, 그림에 있어서도 다양한 화법과 화풍이 등장하였다.

삼채말

### 신안 해저 문화재실

신안 해저 문화재실의 전시 유물은 중국 원나라 때 무역선에서 나온 것들이다. 14세기 중국을 떠나 일본으로 가던 중국 무역선이 전라남도 신안 앞바다에 침몰되었던 것을 발굴해 낸 것이다. 발굴 유물은 2만여 점으로 당시 중국, 일본, 우리나라의 생활 모습을 살피는 데 중요한 역할을 하고 있다.

신안선 발굴 유물

### 일본실

일본은 섬나라이기 때문에 섬나라 내부의 고유 문화에 더하여 외부의 발달된 문화를 받아들이는 데 노력하였다. 일본은 기원전 1만 년 ~기원전 5세기경 조몬 시대의 조몬 토기를 시작으로 시대별로 특징 있는 문화를 만들어 갔다. 6세기에서 8세기로 이어지는 아스카 시대, 하쿠호 시대, 나라 시대에는 우리나라와 중국에서 전해진 불교문화를 바탕으로 불교문화 양식을 확립하였다.

무로마치 시대 칠기 술병

## 박물관 나서기

"할아버지, 할아버지! 어디 계세요?"

박물관을 나서기 전 난 경비 할아버지를 찾아 나섰어요. 이렇게 신기할 수가! 내 평생 잊지 못할 경험을 했어요. 꽁꽁 숨어 있던 유물들의 이야기를 듣다니요. 난 유물들을 따라 그 시대에 다녀오기라도 한 느낌이에요. 박물관이 재미있는 곳이라더니 정말, 정말 재미있었어요. 박물관을 뛰어다니는 것보다, 박물관에서 숨바꼭질을 하는 것보다 훨씬 재미있는걸요.

나와 잘 통한다고 느꼈던 경비 할아버지의 말이 꼭 맞았어요. 할아버지를 찾아서 이야기를 더 들어 봐야겠어요.

"저, 아저씨, 머리가 하얀 경비 할아버지를 만나고 싶은데 어디로 가야 하나요?"

난 다른 경비 아저씨에게 할아버지에 대해 물었어요.

"머리가 하얀 경비 할아버지라고? 우리 박물관에 그런 분은 없는데."

"제가 조금 전에 분명히 만났는데요?"

"글쎄, 난 이 박물관이 생겼을 때부터 일했지만 그런 할아버지는 본 적이 없어. 네가 착각을 한 모양이구나."

이게 어떻게 된 일이죠? 난 분명히 그 할아버지를 만났는데. 오늘 박물관에서는 온통 놀라운 일뿐이네요!

사진 자료 제공

**국립중앙박물관(중박201107-391)** 14쪽 주먹도끼, 18쪽 슴베찌르개, 사냥 도구, 고기잡이 도구, 19쪽 반달 돌칼, 낫, 갈판과 갈돌, 24-25쪽 중서부 지역 빗살무늬 토기, 32쪽 비파형 동검, 세형 동검, 33쪽 농경문 청동기, 34쪽 판갑옷과 투구, 36쪽 가야 말갖춤, 가야 말 머리 가리개, 37쪽 덩이쇠와 철기 제작 도구, 39쪽 용봉 무늬 고리자루칼, 40쪽 말 탄 사람이 그려진 벽화, 42쪽 현무, 청룡, 44쪽 무용총 수렵도, 48쪽 백제 금동대향로, 56쪽 금관, 61쪽 금귀걸이, 금목걸이, 허리띠 꾸미개, 83쪽 〈수선전도〉, 〈전라도 무장현 지도〉, 85쪽 〈대동여지도〉, 86쪽 〈대동여지도〉 목판, 111쪽 〈한익모 초상〉, 〈안익하 초상〉, 〈이장오 초상〉, 122쪽 비로자나불, 124쪽 여래불, 약사불, 아미타불, 128쪽 청자 참외 모양 병, 130쪽 청자 상감 모란넝쿨 무늬 주전자, 청자 연꽃넝쿨 무늬 매병, 131쪽 백자 복숭아 모양 연적, 백자 모란넝쿨 무늬 항아리, 백자 끈 무늬 병, 134쪽 분청사기 모란 물고기 무늬 장군, 분청사기 모란 무늬 편병, 136쪽 백자 매화 대나무 무늬 항아리, 백자 쌍학 무늬 항아리, 백자 동화 대나무 무늬 항아리, 146쪽 청백자 두 귀 달린 병, 151쪽 청자 큰 꽃병, 흑유 두 귀 달린 병, 153쪽 무로마치 시대 칠기 술병 **국립중앙박물관(중박201108-4226)** 24쪽 붉은 간토기, 31쪽 청동 잔무늬 거울, 75쪽 항아리와 단지, 칼과 칼집, 글자가 새겨진 청동 그릇, 76쪽 백제 관 꾸미개, 칠지도, 78쪽 오리 모양 토기, 79쪽 문고리, 짐승얼굴 기와, 짐승얼굴무늬 기와, 용머리, 97쪽 해동통보, 고려 금속 활자, 수령 옹주 묘지명, 거란의 침입을 막기 위해 만든 화엄경, 98쪽 이성계 호적, 상평통보 당일전, 부처의 사리구를 싼 비단 보자기, 118쪽 광개토 대왕릉비 탁본, 석봉 한호가 쓴 두보 시, 120쪽 〈영취산에서 설법하는 석가모니불〉, 121쪽 사랑방 풍경, 144쪽 천흥사 종, 잔과 잔 받침, 152쪽 손잡이 달린 항아리, 천부형상, 153쪽 삼채말 **국립중앙박물관** 22쪽 빗살무늬 토기, 28쪽 팔주령, 30쪽 쌍두령, 100쪽 단원풍속화첩 중 〈씨름〉, 102쪽 단원풍속화첩 중 〈서당〉, 〈무동〉, 103쪽 단원풍속화첩 중 〈기와이기〉, 〈전모 쓴 여인〉, 105쪽 〈단발령망금강〉, 107쪽 〈꽃과 나비〉, 108쪽 〈강상야박도〉, 116쪽 〈이재 초상〉, 119쪽 단원풍속화첩 중 〈고누놀이〉, 126쪽 금동 미륵보살 반가사유상 국보 제78호, 금동 미륵보살 반가사유상 국보 제83호, 138쪽 경천사 십층 석탑 **이형준** 43쪽 알타미라 동굴 벽화, 66쪽 팔만대장경 경판, 68쪽 해인사 장경판전 **엔싸이버포토박스** 46쪽 장군총, 49쪽 부여 능산리 고분군, 140쪽 부여 정림사지 오층 석탑, 감은사지 삼층 석탑, 141쪽 원각사지 십층 석탑 **불교중앙박물관** 64쪽 무구정광대다라니경 **청주고인쇄박물관** 70쪽 《직지심체요절》 **서울대학교 규장각** 80쪽 〈혼일강리역대국도지도〉, 84쪽 〈대동여지도〉 **리움** 104쪽 〈인왕제색도〉 **국립고궁박물관** 116쪽 〈영조 어진〉 **해남 윤씨 종가** 117쪽 〈윤두서 자화상〉

(주)시공사는 이 책에 실린 모든 사진 자료의 출처와 저작권자를 찾아 허락을 받기 위해 노력했습니다.
누락이나 착오가 있으면 사용 허락을 받고 다음 쇄를 찍을 때 꼭 수정하겠습니다.